JN107091

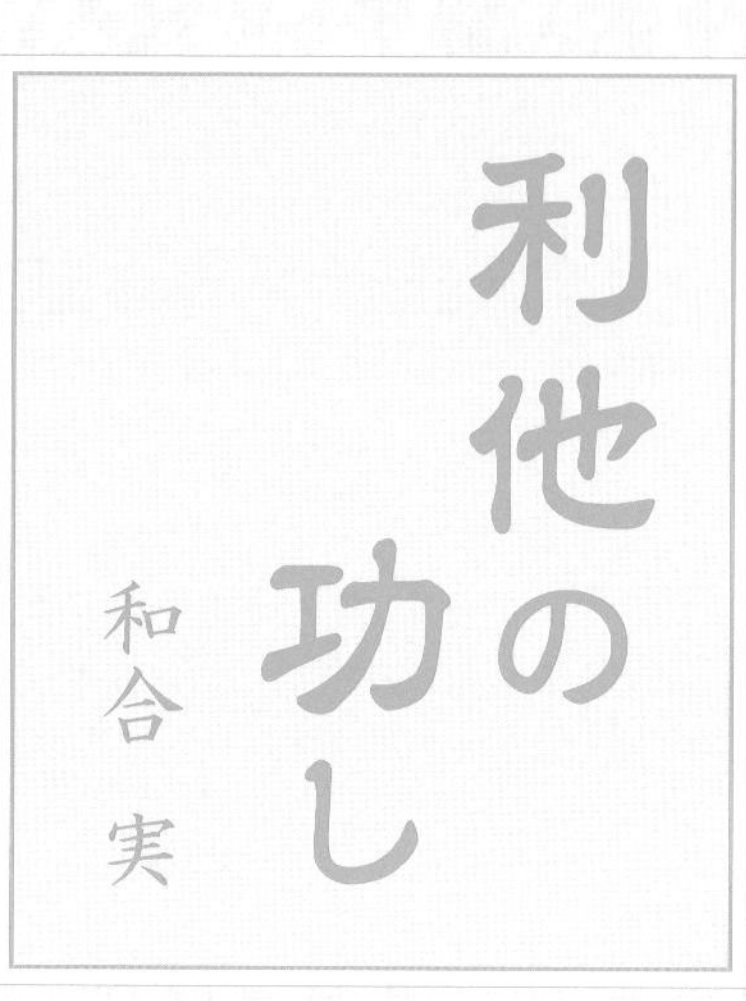

清文社

はじめに

還暦を迎えたころから、世の中に何か、ご恩返しをして人生を終えたいと思うようになり、自分に何ができるかを模索していました。その解の一つが本書の執筆です。この試みが、少しでも社会に役立ち、より良い世の中へと発展していって欲しいとの願いを持って、上梓する次第です。

本書は、幅広い年齢層の方々を読者と想定して執筆しています。その中でも、特に30~40代の方々に、ぜひ読んで頂きたいと思っております。人生は、この年代をどう生きるかで、おおよそ決定づけられるからです。もし、この時に大きな失敗や挫折を経験することがあっても、事前に本書の内容を理解し行動すれば、明るい未来も拓けると信じています。人は誰でも幸せを望みます。でも、現実には幸せな人もいれば、そうでない人もいます。それぞれをじっくり観察してみますと、人は、幸せにも不幸にも必然的にそうなるのであって、偶然ではないと思われます。では、どうすれば幸せになれるのか、それを本書で証していきたいと思います。

私は、20代早々に大きな手術をしました。ご近所の方から、「若い時に大きな手術をするのは、何かの因縁かもしれないから、見てもらったほうがいい」と言われ、私は何をどう見てもらうのかわからないまま、勧められて神道系の宗教団体に連れられ、そこで私の家の因縁や人の道について教わりました。私の実家は、浄土真宗の檀家で、子供の頃から、祖父母と同居していたため、日常生活の中で、仏壇前でお経を上げ、祈るという習慣が身についていました。そのため、神仏に手を合わせることや、信仰することにも、抵抗はありませんでした。

　しばらくして、私は父を亡くしました。喪中はお寺に行くのが良いと、先の宗教団体で知り合った人から、真言宗のお寺に連れられ、また別の人からは日蓮宗のお寺に連れられたりと、仏縁が続きました。そのどちらのお寺にも、修行を積まれたお坊さんがいて、そこで「因縁（いんねん）」や「因果応報（いんがおうほう）の理（ことわり）」について教えを受けました。どういうわけか、どちらのお寺のお坊さんにも気に入られ、いつもお坊さんから直接私自身の因縁についても聞かされ、行動指針を頂いていました。これらのお寺で教えを受けたことがきっかけとなり、それ以来、仏教が私の思考の中に入っていったのです。

　これまでの私の人生経験を振り返りますと、「因縁」や「因果応報の理」を肯定せざるを得ないことが、次々と起こりました。また、それを肯定することで、自分の中の疑問を解決することができたのです。そのことも踏まえ、本書は、この「因果応報の理」をベースに置いた思考で展開していきます。その理論とは、善い原因があれば善い結果が生じ、悪い原因があれば悪い結果が生じる、という教えです。それを、善因善果・悪因悪果と言います。これを理解しますと、自分はどういう行動をなすべきかが見えてきます。その行動指針は、「利他」に基づくことです。これが本書のテーマです。これもお寺で教えて頂いた教えの一つです。利他を行うことが、「幸せになるための種蒔き」になるのです。

私の専門分野は、不動産の中でも投資用の不動産で、「収益不動産」と言われるものです。わかりやすく言いますと、賃料を得るための不動産のことです。収益不動産や不動産投資に関する著書を5冊出版し、その専門家としてコンサルタント業務や仲介業務を生業としてきました。本書の内容は、不動産とは直接関係ありません。本書は、私がその仕事等を通じて醸成された人生観を基に執筆した書とご理解ください。

不動産投資で成功しようと思えば、少なくとも、不動産に関する勉強はしっかりとする必要があります。私はこの分野のプロとして不動産投資をしたい人にアドバイスをし、不動産投資で成功したと言える人を、何人も輩出することができました。この中には、普通のサラリーマンから億万長者になった人も数名います。私自身も、不動産投資で成功した人たちの仲間入りを果たしたいと思っています。

私はこのビジネスを通じて、「成功する人の共通項」を考えるようになりました。当初はそんなことを考える余裕もありませんでしたが、それが気になりだして思索しているうちに、幾つかのことに気づきました。

それは、次の４つのことです。

一、諦めないこと
一、誰よりも努力すること
一、失敗しても立ち直り（心の立替(たてかえ)）が早いこと
一、人徳があること

これらが成功の秘訣とも言えます。わかっていても簡単にできないものばかりですが、諦めないことや努力は自ら実践できそうです。では、「心の立替は、どのようにするのか」、「人徳は、どのように養うのか」、読者の皆様は、おわかりになりますか？　これらも本書のテーマです。

私は不動産ビジネスの中で、顧客に収益不動産を買って頂く（仲介）業務もしていまし

た。その時、良い物件をお世話したくなる人と、そう思えない人との差は何かと言いますと、その一つに、「人柄」が大きな要素として挙げられます。人柄の良い人が優先されているのです。

では、この、「人柄の良い人」とはどういう人か、端的に言いますと、「他人を気持ちよくさせる人」です。ポイントはその人の言動です。言動とは、言葉だけでなく行動も含みます。言葉だけは、お上手という人もいます。言葉だけで人を動かす人もいますが、それは長続きしません。「人にはうまく言うけれど、自分からは動かないじゃないか」と、いずれは見透かされることになるからです。「言行一致で人を感動させることのできる人」が、本書の言う「人柄の良い人」、換言すれば、「人徳のある人」なのです。こういう人が、成功を掴むチャンスに恵まれる人と言えます。

毎年、1月になると成人式が行われます。その時、新成人の抱負を聞いていますと、「人に信頼される人になりたい。尊敬される人になりたい」という言葉が聞こえます。それは、「人徳のある人になりたい」ということでもあります。新成人の抱負は、非常に素晴らしい心掛けだと思います。では、どのように信頼される人に、あるいは、尊敬される人になるのか、そうなるにはどういう努力をし、行動をすればいいのか、これをはっきり言える新成人は少数ではないかと思います。なぜなら、それを教えてくれる人が、現在では希少だからです。今の学校教育は、それについて十分なことを教え、考える場になっているとは思えません。これは、今の教育のあり方に関係します。

学校教育の3本柱は、知育・体育・徳育です。知育では幅広い知識と教養を、体育では健やかな健康を、徳育では豊かな情操と道徳心を育むことを目標にしています。しかし、受験勉強に必要なのは知育です。小中学校教育が、よりいい高校、よりいい大学に入学することを目的とする知育主体教育が親たちにも受け入れられ、体育・徳育は後回しになっている感があります。中でも徳育が一番疎（おろそ）かになっていることが要因となり、自分の欲望を押さえきれない子供や、モラルのわからない子供が増えています。これがまた、いじめ問題が無くならない原因ではないかと思います。徳育は心の教育ですから、心の健全な成長のためになくてはならないものです。各人が自らの人生を切り拓くためにも、また、人間らしく生きるためにも徳育は不可欠なはずです。わかっていても、実態として蔑（ないがし）ろにされてきたのが徳育です。先の解は、この徳育の中にあります。また、それを補うのが本書でもあります。

私が本書を世に出そうと思いましたのは、前述の「人柄の良い人」、「尊敬される人」、「信頼される人」、「人徳のある人」や「成功している人」などに、共通すると思われる言動に気づき、それを自らも体験し、「これを多くの人に知ってもらいたい」と思ったからです。それこそが、本書最大のテーマである『利他』なのです。

昨今、人を区別する見方として、勝ち組になるか、負け組になるかのような二者択一的な価値観が蔓延(はびこ)っています。誰もが、勝ち組に入りたいことでしょう。勝つことが主眼になると、手段を選ばないということにもなり、結果だけが重視されるようになります。だから、不正をする人も出てくるのだと思います。尊敬されるべき立場にある政治家にも、勝てば官軍のごとく、手段を選ばず、ばれなければ不正も平気、いざとなればごまかせばいいというような人がいます。国民の見本となる政治家に、徳育の欠けた人は不要です。政治家に求められるのは、無私の精神を持ち、自己犠牲を厭(いと)わず国民の幸せを追求することであるはずです。その姿勢こそ、私がこれまで教わってきた「利他」に他なりません。

本書を読み進んでくだされば、利他の意味するところがご理解して頂けます。そして、利他の行いをされますと、人を幸せな気分にさせ、その結果として自らも幸せを感じることになり、自分の人生がより良い方向に向かっていることが自覚できます。日常的に利他の行いができれば、人生を豊かにします。そうなることは必然なのです。なぜなら、それが「真理」であるからです。

令和2年9月

著　者

目次

はじめに

第一章　試練

1　降格……3
2　「良かったですね」の意味……9
3　降格からの復活……15
4　出版（和合実の誕生）から独立へ……21
5　不幸も一旦受け入れる……27

第二章　利他

1　因果応報の理……33
2　「利他」の定義……39
3　まず感謝から……41
4　つらい経験が感謝に繋がる……45
5　挨拶の効果……48
6　GIVEが先（利他より始めよ）……51
7　和合が利他に通じる……56

第三章　謙虚

1　成功の秘訣は利他と謙虚……63
2　気づけましたか？……66
3　相手は自分を映す鏡……82
4　謙虚さと徳のある人……86

第四章　改心

1 目標は器の大きな人……93
2 気持ちの余裕……98
3 不幸になりやすい人……104
4 転機は感謝で行動……110
5 自分を変えるのが先……114

第五章　事例

1 中学生の利他……124
2 高校生の利他……132
3 大学生の利他……140
4 社会人の利他……149
5 各利他のまとめ……154

第六章　立　替

1　「徳積み（陰徳）」と「天国と地獄」……163
2　心の立替①～不運をチャンスに……169
3　心の立替②～独りよがりのプライドは削れ……178
4　過ちは素直に認め懺悔する……183

おわりに

第一章

試練

1　降格

私は、収益不動産に関する本を執筆していることもあって、講演もさせて頂いておりま す。ある有名大学を卒業された、不動産関係のビジネスに従事している方々が集う、約百数十名の会合に招かれ、講演をしたときのことです。講演が終了した後の懇親会で、某大企業に勤める女性の方が、私に声を掛けてくださいました。

その方は、たまたま知り合いに誘われて来たそうで、不動産関係の仕事ではなく、企業内診療所で心理カウンセラーをされているとのことでした。そのため、不動産の話はあまり記憶に残らなかったそうですが、講演の中で触れた、私が会社員時代に降格になったときの話に、とても興味を持ったとのことでした。

その降格は、私にとって、青天の霹靂（へきれき）とも言える出来事でした。そのとき、その事実にどう向き合い、どのように気持ちを切り替え、どう乗り越えたかという話をしました。その方は、「その部分に感銘を受けた」と言われたのです。これには私もどう答えていいものか、返事に困りました。事情をお聞きしますと、彼女は心理カウンセラーとして、降格だけでなく、出世を望みながらそれが叶わなくなった人、左遷された人、あるいは、社内競争に負けた人達を、どうケアするのがいいか、悩んでおられたのです。それらが原因で心に病を抱えてしまった人や、勤務すらできなくなった人が増えて、対処の術がはっきりしないと悩むなか、短期間で降格の呪縛(じゅばく)から解放され、新たに人生を切り拓いた私のような人物に、出会えたことに感動したということでした。

私がどういう状況に陥ったか、それをお話します。

今から約20年前、私は、東証一部上場の建設会社に勤めていました。私の上司に、各部門を統括する事業部長と、その上に担当役員がいました。私は、当時、部長就任1年目の最年少部長で、会社の期待にも応えたいと、仕事に強い意欲を持っていました。一方、会社の状況はと言いますと、その数年前に創業以来の大赤字を出し、株価は100円を切る始末で、株式市場においては、倒産も半分視野に入っているような、危機的状況にありました。信用不安も相まって、今までどおりの営業では全く仕事が取れず、日夜どうすればいいかと暗中模索の中にいたのです。信用不安のない頃の私の営業成績は、常にトップクラスの成果を上げていました。しかし、この時ばかりは営業成果が思うように上がらず、その現実にじっと堪えて、何かいい方法はないかと探る日々でした。

そのような状況の中、担当役員からは、「営業努力が足らない」、「机に向かっている時間が長い」など叱咤（しった）はあっても、具体的な戦略の発信はありません。それゆえ、この役員配下の部署に、明るい雰囲気は全くありませんでした。また、事業部長はと言いますと、私とは営業スタイルが大きく異なり、何をお考えなのか皆目理解ができず、意気投合しているとは言えません。また、この二人の思考には、「部下は上司に服従するもの」と、考えておられる節がありました。そんな考えの上司に、私は媚（こび）を売ることもなければ、敬意をもって接することもありませんでした。そういう状況ですから、この両者とは、何かにつけ意見が合いません。まともに意思疎通すらできず、良好な人間関係を築けなかったのです。そのことで、かなりストレスを感じていたある日、事業部長の度重なる人格軽視の発言に、私の我慢も頂点に達しました。そして、ついに自分を抑えきれなくなり怒りが爆発、暴言を吐き、すんでのところで暴力には及びませんでしたが、事業部長を怒鳴りつける、という行動に出てしまったのです。

　当時、上司が部下に暴言を吐こうが、いじめ的な行動をしようが、会社（人事部）が介入することはありません。今とは違って、パワハラやセクハラなどのモラルハラスメントがあっても、それをした者への批判や注意は、無きに等しいものでした。上司の言動については、人事部は知っていても見て見ぬ振りですから、自己防衛をせざるを得なかったのです。私は、上司であろうと、間違いは間違いと正しますし、上司の指示に意味が見出せないときは、その指示に従いませんでしたから、決して従順な部下ではありませんでした。むしろ、上司には煙たい存在であったと思います。上司にすれば、まさか部下が暴言をもって反発するとは、予測できなかったのでしょう。かなりショックを受けたようです。

また、その事業部長も担当役員と人間関係がうまくいかず、言い争う場面も何度かありました。担当役員の言動がおかしいと思う社員は他部署にもいて、評判は芳しくありませんでした。それらのことは社内にも知れ渡り、トップにも知れることになったと思います。しばらくして、私を含め、三者が同時降格となったのです。私にすれば、「なぜ自分が降格にならなければならないのか」、全く理解できませんでした。この結果は、適材適所を考えず、それぞれの役職に就かせた上層部の任命責任の問題でもあるはずです。これは、その責任を回避した、「見せしめ人事」だと思いました。

私は、部長就任後たった1年で、課長に降格となったわけです。喧嘩両成敗的な発想で、一括りにされてしまった感じです。なぜ、そういうことになったのか、人事部からは一言の説明もありません。このときまで、自分が降格になるとは夢にも思っていませんし、降格など他人事で、自分にはあり得ないとさえ思っていました。過去に、こんな露骨な人事を見たことがありません。能力がなくて降格になるなら納得ですが、そうでない理由で降格になったことに、やりきれない思いでした。当時、会社は、銀行の支配下にあるような状況で、銀行出身の役員が多く、降格人事は、ここから出たものだと直感しました。この時ほど、己の無力さを感じたことはありません。

通常、降格になる場合、他部署や支店、あるいは子会社に転勤になったりするものですが、私の場合は、同じ部署で部下であった課長と、机を横並びにするというものでした。私の心中は憤りを越して情けなく、これまで会社に貢献してきたことは何であったのかと、腹の虫が治まらない状態でした。人事（じんじ）は「ひとごと」と読みますが、正に「他人事（ひとごと）」で、そこには配慮のかけらもないと思いました。上司への暴言行為に落ち度はあるにせよ、この仕打ちは、会社を辞めろということかと思い、正直、辞めてやると思っていました。ただ、すぐに辞めるのは負け犬のような気がしましたから、今がその時ではないと自分に言い聞かせ、時期を見ることにしたのです。ですから、降格になっても、やるべき仕事はこなしました。

しかし、以前のように仕事に喜びを感じたり、やる気に燃えるような気概はありません。心の中に悶々（もんもん）としたものを抱えながら仕事をしていたのです。上司に対する怒りより、この人事を遂行した人物に対する憤りのほうが強かったと思います。いつ辞めようかとか、いずれ見返してやるとか、自分が惨めにならないように踏ん張ってはいるものの、プライドを大きく傷つけられたことに、どう対処することもできない情けなさと葛藤から、精神的にも、かなりダメージを受けました。社内の同僚からは、「とんだ災難やな」、「やけどしたな」とか、「理不尽なことやな」と声を掛けかけられ、周囲は、腫物(はれもの)に触るような態度の人や、同情してくれる人ばかりでした。でも、いくらそのような言葉を掛けられ、同情されても、気持ちの晴れることは、全くありませんでした。

〈ひとりごと〉

この時は、本当やりきれない思いで、むしゃくしゃしていました。本書には書けない、行間に滲(にじ)む思いを、汲み取って頂ければありがたいです。

当時、「この人事を決めた野郎、ぶっ飛ばしてやる」と、一瞬頭の中をよぎりました。これを決めた人は、すでにあの世に逝かれているかと思います。

この頃、銀行からの落下傘部隊として、銀行員であった何人もの方が役員の座に就いていました。会社は銀行の物かと実感させられ、サラリーマンの悲哀を感じました。

銀行出身役員にも三顧の礼で迎えたい人と、熨斗（のし）を付けてでもお戻り願いたい人がいます。全ての銀行出身の役員の方に申し上げます。肩書きでなく、自らの仕事で社員を唸（うな）らせないと、信頼を得るのは難しいものですよ。

2　「良かったですね」の意味

そのような状況のあるとき、人格者と言われる初老の男性（ここでは、「Aさん」と呼びます）に、降格になったことを話す機会がありました。Aさんは、私の話を真剣に聞いてくださいました。そしてなぜか、にこにこ顔でこう言われたのです。「良かったですね。いい経験をされました。いずれ役立つときがきっと来ますよ」と。私は正直、その言葉を聞き、「どこが良かったのか、いい経験ではなく悪い経験じゃないか、このことが役立つ？そんなことがあろうはずはない」と思いました。

私の気持ちを知ってか、知らずか、「プライドは捨てたほうがいいですよ。それがあるから腹が立つのです。相手が悪いと思っているでしょう？　相手は鏡ですよ。あなたにも悪いところはなかったですか？　この問題は、誰も解決してくれません。自分で解決の糸口を探すのです。それに気づいたとき、先が拓けてきますよ。誰でもできる経験ではないから貴重なのです。これは、あなたに与えられた試練です。あなたならきっと乗り越えられます。そのとき、あなたは一段と成長されていることでしょう」と、言われたのです。私はそのとき、さらに悶々（もんもん）とした気分になりました。

　それから数か月、Ａさんの言われたことが、まだ理解できずにいました。たった一人、Ａさんだけがこの事態を、「良かった」と言われたのです。他の人はみんな私に同情するのに、この人だけが全く正反対の発言をされたことに、どうも引っ掛かって、その答えを探したくなりました。

「プライドを捨てたほうがいい」と言われていましたが、私にプライドが捨てられるだろうかと思いました。プライドがあるから頑張れると思っていたからです。また、「相手だけでなく、自分にも悪いところがなかったか？」と言われたことも気になりました。確かに、上司は好きではないタイプと思っていましたから、常に反感を持っていました。その反感は間違いなく、私のプライドから来るものであったような気がします。相手を立てるということもしませんでした。「正義は我にあり」という思いが強く、上司の言葉を素直に聞き入れなかったことも事実です。

　上司にすれば、可愛くない部下であったと思います。相手の立場で考えたことは、なかったようにも思えます。そう考えると、上司の言葉を受け止められない、「自分の器の小ささ」が見えてきました。器が大きければ受け止めることはできたはずです。仮に、無理難題を言われても、受け流したり、反応の仕方も違ったかもしれません。それまでの私と言えば、人の言葉に対して敏感に反応していました。議論となれば論破を考え、相手をやり込めるまで止めないタイプでした。第三者から見たら、私は「おっかない、とっつきにくい人」と、思われていたかもしれません。日頃は大人しいのですが、いざとなれば、「かかってこい、絶対負けないぞ」というオーラを出していたかもしれません。「これがいけなかったのか」と、だんだん自分を見つめるようになりました。

　ひょっとしたら、上司も人間関係がうまくいかないことを気に掛けていたかもしれません。それに気づかず、私の謙虚さのない態度に、相手も敵愾心（てきがいしん）を持ったとも考えられます。Aさんは、「相手は鏡」とも言われていました。その通りかもしれない、と思えたのです。役員や事業部長と同じような要素を自分も持っていたのだと。そう思うと、自分のしたことが情けなく思えてきました。事業部長は部長に、役員は退任させられました。三者が三者とも人生に躓いたわけです。互いに、やりようによっては、出世をしたかもしれません。それを棒に振ったわけですから、何とも勿体無い話です。

自分を見つめていきますと、人間として足らないところが次から次と見えてきました。それ以降、人から好かれている人はどのような人か、出世するに相応しい人はどのような人かと、人をじっくり観察するようになりました。すると、自分に無いもの、足らないものが徐々に見えてきたのです。その一番は、やはり、「人としての器」だと感じました。私にアドバイスをくれたAさんは、あえて苦言を呈してくれたのです。それをしたからと言って、Aさんには何のメリットもありません。でも、真剣に私と向き合い、「私のことを思って忠告してくれたのだ」と気づきました。プライドは、定義により必要な場面もあるかもしれませんが、「人を見下したり、頭の下げられない原因がこのプライドにあるなら、それは必要ない。そんなものは、無くすほうがいいということなのだ」と解釈しました。

この降格は、人生の試練と考えました。そして、降格という事象を通じて天が私にショックを与え、人事評価に捉われず、人生においてもっと大事なことに、「早く気づけよ」とのメッセージであると捉えたのです。すると、全ての原因は、自分自身にあることが見えてきました。おそらく、Aさんは私の至らないところを看破され、それを私自身が気づくまで待ってくださったのです。そう思えたとき、自然と涙が溢れて、「ありがとうございました」と、心の中で合掌していました。

そのことに気づきましたら、不思議なことが起こりました。新役員（後の営業担当専務）から、「お前も苦労したのう」と言われ、降格になった10か月後に、また部長に戻してくれたのです。そんなに早く復帰できるとは、思ってもいませんでした。今なら、私が自分の至らなさに気づけたことで、この試練は完了し、元に戻ったのだと思えます。しかし、そのときは、そのような捉え方ができるほどの、心の余裕はありませんでした。

降格前と後では、私の気持ちに変化が生じていました。会社でのポジションに、拘らない気持ちが芽生えていたのです。自分のやりたい仕事ができるならそれでいいと、私の上昇志向は止まり、それより人に喜ばれる仕事を、より強く意識するようになりました。今後は社内で認められるより、社会に認められるようになろうと自然と思ったのです。それが次の展開に結びついていきました。

私はこのとき、出世をするより、あるいは、社内人事で良い評価をされるよりも、もっと大切なことに気づいたような気がします。何かが吹っ切れたようで、視野が一気に広がったような感じがしました。人事評価に振り回されてきた自分自身を笑えました。このことを通して、私の価値観が一変したのです。私の心の変遷を見抜いておられたかのように、全てはAさんの言われた通りです。まるで預言者のような方です。そして、「先が拓ける」と言われた、預言のようなことが後から実際に起こるのです。

〈ひとりごと〉

視野が広くなると見える現象が同じでも、感じ方が全く変わるのです。それを知るためにも、挫折を経験することは有用です。ただし、それは、必ず乗り越えないと勿体無いです。

挫折を乗り越える秘訣は、方向を変えることです。「こうでないといけない」という狭い考えに捉われると、選べる手段も少なくなり、解決を難しくします。

器を大きくすると、物事の本質が見えるようになります。それは、大局的に見るということです。そのことに気づけなかった以前の小さい器の自分が、とても恥ずかしく思えます。

3　降格からの復活

部長に返り咲いてから、この会社で私が為すべきこととは何か、を考えました。当然、私には与えられた営業目標があります。私は建設会社の営業部長ですから、建設工事を受注することが仕事です。主には賃貸マンションの建築受注です。私が部長になったのも、この分野でトップ営業を続けてきたからです。再登板の私が、同じ仕事をするにしても、これまでとは会社に対するスタンスが違います。仕事を怠けるという気持ちはありません。しかし、私には出世欲や上を目指すという気持ちは消えていました。あったのは、「負けてたまるか」という反骨精神でした。

そのとき、「この会社で、自分にしかできないことをやってやろう」と思ったのです。それを見つけるのに、あまり時間はかかりませんでした。

当時の世相と言えば、バブル経済の崩壊で、銀行が大量の不良債権の処理に喘(あえ)いでいる状況でした。その不良債権の処理の一環で、賃貸中の一棟マンションの売り物が不動産市場に出始めた時期です。その賃貸収支は決して悪くはありません。悪くは無いというより、とても良過ぎるように見えました。中には表面利回り15％の物件もあり、10％なら良い物件がゴロゴロあったような時代です。そのような物件のほとんどが、銀行抵当権の付いている不動産です。すなわち、融資の担保に取っていた不良債権化した不動産です。それが不動産市場に出回ったのです。膨大な不良債権を早く処理して、健全な体質にすることが銀行の喫緊（きっきん）の課題であったからです。

そんな時に思い至りました。「わざわざ新築の賃貸マンションを建てるより、現在売却中の賃貸マンションを購入するほうが、地主さんにとってもいいのではないか」と。多くの地主は、「自分の土地には価値がある」と思っています。賃貸マンションに適さない土地でも、相続税対策とか、売りたくないという事情から、マンションを建てる地主はたくさんいました。本人はそれで満足でしょうが、入居者が入らず賃料も下がって、相続が起こった時には、「売るに売れなくて、相続人が困る」ということもありました。相続する子供にとっては、亡くなった親のしたことを、恨みに思うことさえあったのです。ですから、すでに売られている賃貸マンションで、収益性が良く立地のいい物件を購入するほうが、新築マンションを建てるより、ずっといいと思ったわけです。

また、融資さえ受けられるのであれば、中古の収益マンションを購入する人は、何も地主に限らなくても、必ずいると思いました。マンションオーナーになりたい人や、貸家業をしたい人はいるからです。それを仲介すれば、ビジネスとして成り立ちます。私の仕事は、マンション建築の受注です。しかし、それを相容れないとは考えず、受注目標を売上から利益に換えればいいと考え、それについて新役員の了解を得、部署の目標を利益目標にしたのです。そうしますと、これまでの営業とは異なり、社内作業の設計部門や建築部門との打ち合わせも必要なくなり、自分の部署だけで仕事を完結することができるようになりました。いきなりの方針転換で、他部署の反発や、部下の戸惑いもあったと思います。しかし、「これはいける」と、私には確信のようなものがありましたから、批判されようとも、社内で誰もやったことがない分野で勝負しよう、と覚悟を決めました。一旦、降格になったことで、これまで描いていた人生設計にも拘りがなくなり、吹っ切れていましたから怖いもの知らずです。まさににそれは、野に放たれた一匹狼の心境でした。

　これを機会に新たなビジネスを模索して、「新たな道を切り拓いてやる」との気概はかなり強く、そこには少なからず、「私を降格にした人事権者を見返してやる」との思いもありました。しかし、部下たちにとっては、私のような上司を持って迷惑だったと思います。私はこの時、何を考えているかを、はっきり言いませんでした。仮に失敗しても、私の一存でやることですから、その責任は全て自分が取ると決めていました。部下には、強く協力を求めなかったものですから、部下は、「部長が勝手にやっていること」、くらいに考えていたと思います。ですから、部下との間に溝ができてしまいました。今から思い返しますと、もう少しやり方はあったかと思われます。その頃の私は、まだまだ心の余裕が、乏しかったのです。器の小さい人間であったと、認めざるを得ません。

そんな降格人事を受けた私であっても、やりたいようにチャンスを与えてくれた、先述の役員には感謝しています。会社にとっては、小さなビジネスであったと思います。しかし、収益不動産の分野を開拓することは、会社のためにもなると考えていました。ですから、どんな壁が立ちはだかろうと打ち破り、どんな抵抗にも屈せず、必ずやり遂げて見せるとの気迫が、当時の私にはありました。

まず、収益不動産を買いたいと思っている人、すなわち、見込み客をどのように発掘するかを考えました。また、売り物件の情報入手経路を作らないといけません。両方を考える中で、「購入したい顧客がたくさんいたら、物件情報は自然と集まる」と考え、集客に力を入れました。そのとき、思いついたのが、「不動産投資セミナー」です。収益不動産の購入を考えている人に向けたセミナーを企画したのです。セミナーの実施にあたっては、広告代理店に依頼しました。集客人数を200名に設定し、場所と日時を決めて、講演をする講師を選定してもらいました。しかし、ここで問題が発生しました。私の思いを代理店に伝えましたが、それに応えて講演をしてくれる講師が見つからなかったのです。日程も迫ります。最終的に、私自らが講演するしかない、と意を決しました。

私には、大勢の人前で講演をした経験がありません。結果を考えるより、まずやってみようと前だけを向いていました。私の講演は決して上手な講演ではありませんでしたが、セミナー当日にアンケートを取ってみると上々の反響でした。集客目標の２００名も超え、手応えもありました。セミナーを2回、3回と続け、回を重ねるごとに集客も３００名、４００名と増えていったのです。それと共に私の講演も徐々にさまになり、毎回出席されている方のアンケートに、「部長も回を重ねるごとに、講演がうまくなってこられましたね」と書かれていて、思わず笑ってしまったことを思い出します。集客ができましたから、次にこの方たちを対象にした、少人数形式の勉強会を始めました。私が講師となり収益不動産のイロハを教授しました。そのことでより参加者と親密になれ、顧客も増えていったのです。やがて、仲介ビジネスとして成り立ち、結果、会社に十分な利益貢献ができるまでになりました。顧客を育てることによって、顧客は自分の目的を達成し、会社は収益を得られますから「ＷＩＮ-ＷＩＮ」の関係になれます。顧客を育てるという営業スタイルは、当時、画期的なものでした。

〔ひとりごと〕

最初の講演は、原稿棒読みのような感じでした。でも、思い切って自ら講演をしたことが、後の勉強会に繫（つな）がりました。この勉強会は全て一人で段取りしました。休日も返上し、私の人生を賭けて開催したものです。その思いを感じ取ってくれる参加者もいて下さったから、一人でも頑張れたのです。その数名の方とは、今も親しくお付き合いをしております。

社内批判には馬耳東風であった私も、好きなようにやらせてもらった会社には、先の降格人事の話とは別の感謝の思いがあります。こんないい会社は無いかもしれません。本当にそう思っています。

4　出版（和合実の誕生）から独立へ

そのような折り、私の講義内容を本にして出版しませんかと、出版社の方から声が掛かったのです。私は当初、「本など書ける能力はありません」とお断りしていましたが、何度かお声を掛けて頂くうちに、「それなら、やってみよう」という思いに変わったのです。それは、私が講義を始めて3年目のことでした。その頃には、勉強会での不動産講義も自信をもってできるようになっていましたし、体系的にもしっかりとしたものになっていました。

本の原稿を書き始めて役に立ったのが、大学院で教えて頂いた論文の書き方です。私の担当教授は、非常に言葉の使い方に厳しい人でした。文章の中で「…、つまり…である」と書きますと、その教授が、「内容が詰まっていませんから、ここで『つまり』は使えませんよ」と指摘されたのです。これには、私も参りました。「『つまり』という言葉の使い方にそんなルールがあったのですか?」という感じです。そこまで厳格に考えたことがなかったものですから、それは、私にとって今も忘れられないほど衝撃的なことでした。この教授の指導の厳しさは有名で、論文を認めてもらうために、かなり苦労したことが思い出されます。時にギブアップしたくなりそうな心を立て直し、論文を完成させたときには、「やり切った」という充足感に包まれました。その論文を作成するのに、章立てや構成の練り方をしっかり教え込まれたことが、原稿を書くにあたって生きました。大学院での学びがここで役立ったのです。人生に無駄な経験はないことを実感でき、厳しく接して頂いた教授に、改めて感謝の気持ちが湧きました。

原稿が出来上がった後、次にしたことは出版社を決めることでした。声をかけてくださった出版社の方は私の立場も考慮され、「会社と付き合いのある出版社がいいでしょう」と言われたのです。素直にその言葉に従い、打ち合わせがしやすいようにと大阪本社の出版社に決めました。

しかし、いざ出版となると様々な問題が出てきました。私は会社員ですから、所属会社の承認を得る必要があったのです。営業企画部、法務部、コンプライアンス部、経営企画部、人事部と原稿を見て頂き、会社にとって出版することに不都合がないかをチェックされるわけです。こちらの言うこと、あちらの言うことを聞きながら修正をし、修正をすればば元のほうがいいとの意見もあり、部署ごとに異なる意見が出るものですから、そのたびに調整を余儀なくされ、そうこうするうちに、私にイライラ感が湧いてきました。これはまずいと思いました。また、怒鳴って降格になるわけにもいきません。自分の気持ちのコントロールに努めました。

次に、出版は個人名でするのか、会社名でするのかという話になりましたが、出版できさえすれば、私に拘(こだわ)りはありません。それは、営業担当専務の一言で個人名での出版と決まりました。すると、ある部署から、「個人名で出版するなら、自分らは関係ない」と言われたので、では、「私個人の責任で」と思ったら、今度は人事部から、「会社に迷惑がかからないように」と言われました。そこで、人事部担当者と詰めの作業を行い、最終原稿はできたのですが、「会社として出版の承認は誰がするのか」という問題が最後に持ち上がりました。

私の勤務先では、社員が出版する、という実績が無かったものですから、こういう場合の承認担当役員が決まっていなかったのです。流れとして、人事を管轄する専務となりましたが、なかなか出版の承認をしてくれません。あたかも、無視されているような感じを受けました。当初の原稿を書き上げてから約半年、出版社と取り決めた出版日は迫っており、もはや待てない状況になりました。承認を頂けないのなら退職してでも出版しようと覚悟し、営業担当専務に相談しました。そうしたら、「会社を辞める必要はない。俺が責任を持つから出版しろ」との言葉を頂き、その旨を人事部に伝えましたら、翌日、人事担当専務も承認したのです。人の器の大小はこういう時に判明します。たとえ、肩書が専務取締役（後者）であっても、保身の見えるこのような対応では尊敬されません。社会的地位と人格は別物ということです。

個人で出版するにも、本名では所属会社のこともわかるかもしれないと、ペンネームにして出版した、という経緯があります。ペンネームについては閃きがありました。やっとの思いで出版が叶い、感激も一入です。嫌な思いもしましたが、各部署担当者の言動も決して悪気があってのことではなく、むしろ私の出版のために時間を割き、協力してくれたのだと感謝の思いに至ったとき、「和合が実って出版できるのだ」と閃いたのです。これが、『和合実』が誕生した経緯です。

難産だった著書は予想以上に反響があり、この手の分野では大ヒットだと、出版社に言って頂けるほどでした。増版が重ねられ、半年もすると次の出版原稿の依頼が来ました。2冊目の著書の概要はすぐに思いつき、また、本の構成も1冊目の経験ですぐにでき、後は頭の中にある講義内容を整理するだけでした。退社後、帰宅してからの時間や、休日を利用して、3週間で原稿を書き上げました。1冊目の出版で、読者評価が高かったものですから、2冊目の時は、どの部署からも何ら言われることもなく、1冊目の出版日と同じ日付の1年後に、2冊目の出版となりました。この2冊目の出版の時、ある部署の部長は笑いながら、「次は会社名を出してもいいのではないか」とさえ言ってくれました。それは叶わないにしても、そう言ってくれたことを嬉しく思いました。2冊目も1冊目と同様に反響が良く、一時は、この出版社の販売数上位1位、2位が、これら2冊の著書となりました。

著書の反響もあって、ビジネスは順調に推移しました。しかし、ペンネームで出版したこともあり、会社のビジネス上、私が「和合実」であると知られることが、プラスに働くとは限らなくなっていったのです。そこには、会社のビジネスを優先的に考えて、和合実が個人的に対応するわけにもいかないケースもあったからです。会社の利益のために誘導していると思う人もあって、やりにくいと思ったことも何度かありました。また、和合実に相談したいという人の中には、会社は関係ないという人もいて、会社の存在が不都合となる場面もあったのです。そんな時、会社も不調から脱し信用不安から脱却でき、「再生宣言」するところまで来たのです。そんなこともあって、「私のこの会社での役割も終わった」と思うに至りました。会社と私の目指す方向が、必ずしも一致していませんでしたから、これを機会に退職しようと考えました。転職を考えたことも過去にはありましたが、退職して、「独立」という考えが初めて芽生えました。独立など入社時には考えもしなかったことですが、自然な流れでそういう機運になっていったのです。

退職するなら、まず最初に、お世話になった営業担当専務に伝えてからと思い、その年の年末に退職したい旨を伝えたのです。そうしたら、「最初の出版の時は、会社を辞めても食っていけそうにもなかったから止めたけど、今のお前ならやっていけるだろう。それでいつ辞める?」と問われ、「できるだけ早く」と言いましたら、「よし、わかった」と言って頂けました。翌年、正月明け早々に人事部より電話があり、「専務から聞いています。退職日はいつにされますか?」との問い合わせがあり、「できたら、早めに退職したいのです。1月末でお願いできますか?」「わかりました」と、こんな感じで退職日が決まりました。私はトントン拍子に退職が決まると思っていなかったものですから、それから急ぎ独立に向けての準備を始めることとなりました。

〔ひとりごと〕

営業担当専務は、はみ出し社員の私を、節目節目で支えてくださいました。この方は社員からの生え抜き役員です。それに引き換え、銀行出身の…これ以上言うと、利他に反しますね。

人生には善玉悪玉が関与して、ドラマが展開するのです。ドラマの配役になるより、時に、自分で脚本を書く側になりたいと思いませんか？　そのためには、大きな器が必要です。

この営業担当専務は、私が独立した後、予想通り社長になられました。後日、本社にお祝いに行きましたら、温かい眼差しで、「お前に祝いをもらおうとは思ってない」と…。この言葉の裏にある深い意味、わかりますか？　その後の会社の見違えるような業績アップは、この方の経営手腕の賜物だと思います。

5　不幸も一旦受け入れる

降格人事は、私を鍛えてくれました。「世の中、理不尽なことは起こるもの」、という考え方にもなりました。ですから、少々の理不尽に遭っても、心の対処術が身に付きました。

そして、「一旦は受け入れる」ということも学びました。その事実をどう自分の中で消化するか、それがポイントです。それを悲劇と受け止めて、悲しんでいるだけでは問題解決にはなりません。そのことに怒りを持ち続けるのも、自分を苦しめるだけです。それを、前向きに捉えることだけが、次の展開に繋がります。それは、天からのメッセージ、と受け止めるほうがいいと思います。そうは言いましても、それが簡単にできれば誰も苦労はしません。かくいう私も悶々（もんもん）とする日々を送り、悩んだものです。

人生を振り返りますと、何度か不運だと思うことが起こりました。それに腐らず前向きに捉えて乗り切った時に、ご褒美（ほうび）として成果が表れてきました。人生には、理不尽であったり、不運なことや、不公平なことは起こるものです。それからは、避けることも逃げることもできません。そうであるならば、起きた事態をどう捉え、それに対して、どう向き合うかにエネルギーを割くべきです。そこで出した答えによって、後の人生が良くもなり、悪くもなるからです。自分の不運等を呪って落ち込んでも、何も生まれませんし、また何も変わりません。それらをバネにして、前向きに生きる姿を示したほうが、周りも支援したくなるのではないかと思います。

私はAさんが言われた、「良かったですね」の一言に救われたのです。落ち込んでいる人に、決して誰もが言える言葉ではありません。それを、にこにこしながら言われたAさんの深い愛情と、器の大きさに脱帽です。今でも思い出すと笑みが零れます。本当に感謝です。Aさんは試練に対する、「心の立替（切り替え）」の大事を教えて下さったのだと思います。私は、「Aさんのような人になりたい」と思いました。それが、私の目標になったのです。

降格が私の「人生の転機」になって、今の私があると断言できます。会社を辞めて独立したことは、本当に良かったと思います。そう考えますすと、一緒に降格になった事業部長や担当役員にも感謝、と思えます。私は、幸い道を切り拓くことができて良かったのですが、この両名はどうされているだろうかと気に掛かります。生意気な部下で申しわけなかったと、反省しております。

人生、良い時もあれば悪い時もあります。でも、その悪い時というのは、自分の価値観が決めていることで、人から見れば悪い時とも思わないかもしれません。悪い時と考えるより、辛抱の時とか、方向転換の時と考えるなど、思うようにいかないことが全て悪いと固定観念で考えず、前向きに捉えることで次の展開に繋がると思えます。

「現代物理学の父」と言われる天才物理学者のアルベルト・アインシュタインは、「失敗や挫折を経験したことが無い者とは、何も新しいことにチャレンジをしたことが無いということだ」と言っています。これは、「何もしないよりチャレンジして、失敗も挫折も経験したほうがいい。なぜなら、成功はその先にあるからだ」と教えてくれているのです。また、アメリカ第16代大統領、エイブラハム・リンカーンは、「あなたが躓いてしまったことには興味がない。そこから立ち上がることに関心がある」と言っています。これは、「人は誰しも失敗や挫折をする。大事なことは、その先どのようにして立ち直るかだ」ということです。私は、この両者の名言の真実を、身をもってわからせて頂きました。

〔ひとりごと〕

人生、本当に、何が起きるかわかりません。自分の思い描いた通りには、まずいかないものです。それを前提に、生きる術を身に付けるほうが得策です。それにしても、私のその後の人生は、Aさんの予言通りになりました。それには、本当に驚きです。人生に躓いた時、Aさんのような人に巡り会いたいと思いませんか？　悩みのないうちに、あなたのAさんを見つけておくほうがいいですよ。見つけられないときは、私がご紹介しましょう。ただし、真剣な人のみ、限定です。

第二章

利他

1　因果応報の理

仏教の創始者は、「釈尊（釈迦牟尼如来）」です。釈尊は、釈迦族の王子でありましたが、その身分を捨てて出家され、修行の末に悟りを開かれました。この悟りとは何かと言いますと、真理に目覚めた境涯です。また、生老病死の苦しみから、解脱した境涯でもあります。この境涯に達した人を、「仏陀」と言います。その悟りの内容を、同じ修行者たちに説かれたことから、この教えが広まったのです。これが仏教の始まりです。仏教の教えの一つが、「因果応報の理」です。出来事には、原因（因）があって、結果（縁）があると言う教えです。全ての事象は、この因と縁で構成されています。ですから、良いこと（良い種蒔き）をすれば、良い結果（良い実）が現れます。これを、「善因善果」と言います。反対に、悪いことをすれば悪い結果が生まれます。これを、「悪因悪果」と言います。

私は、悪いことをしていないのに、どうしてこんな不幸な目に遭うのかと、思う人もいることでしょう。それは、知らず知らずのうちに、悪気が無くとも、人に迷惑をかけていることがあるからです。これくらいは許される、と自分の価値観で解釈し、道徳違反なことをしたり、会社でパワハラ的なことをしたり、あるいは、人の悪口を言ったことはないですか？　自分のしたことは、自分で正当化できても、された相手はそうは思わないこともあります。自分の行為によって、人の恨みを買うこともあります。その恨みが、悪い果実をもたらすこともあるのです。また、自分が悪い種を蒔いていなくとも、先祖が悪い種を蒔いて、その実がその先祖の存命中に現れず、子孫に影響を与えるということも中にはあります。「そんな不合理な」と思う人もいることでしょう。そんなことはない、と思うのは自由ですが、厳然としてあるというのが、因果応報の理なのです。

　反対に、良いことをしているとは思えないのに、あの人は何をやってもうまくいくとか、運の良い人だと感じたことはないですか？　それはおそらく、その人の先祖に、世のため人のためにと善行を重ねた人がいて、その果実を得ている可能性があります。それは、「積善の家には必ず余慶あり」（善行を重ねた家には、その報いとして子孫に必ず幸福が訪れる）という諺が示しています。でも、もしその人が、それを良いことに悪行を重ねることがあれば、いずれその人は落ちぶれるか、あるいは、子孫が苦労することになります。でも、これは目に見えて証明できるものではありませんから、戯言と思う人がいても仕方のないことです。信じるか信じないか、肯定するかしないかは、各人の自由です。私はそれを信じ、肯定している一人です。

それを肯定しますと、悪い果実を実らせないためにも、できるだけ善い行いをしようという意識になります。私もこの理を知るまで、随分と人に迷惑をかけてきたと思います。その報いはあると思っていますし、願わくば、その悪果は子孫に残すのでなく、自分自身が受けて、刈り取りたいと思っています。それと共に、善果が現れるように善行に努めようとしています。全ては必然、と受け止めますと、悪いことが起こっても、今、それを受けられることがありがたくなります。なぜなら、一つの悪因を消滅したことになり、子孫へ残さずに済むからです。そう考えますと、悪いことも、まんざら悪いと決めつけられないのです。すなわち、心の持ち方次第で受け止め方が全く変わるのです。

因果応報の理には、非常に残酷な面があります。先にも触れましたが、それは自分が行った行為でなくとも、亡くなった親や先祖の蒔いた種で、実った悪果を受けることもあるからです。これは、素直に認めにくいことです。因果応報の理の中では、蒔いた種は成長速度に違いはあれ、例外なく果実として現れることになるからです。例えば、自分の祖父が人のために尽くした人だとします。たまたま、尽くされた人が社会で偉くなって、「君はあの人のお孫さんか、私は君のお祖父様には非常に世話になった。お礼もお返しもできないままに亡くなられて、後悔していたよ。でも、君に会えた。私はそのお返しを君にさせてもらうよ」ということもあります。良い種を蒔いてもらったおかげで、孫である自分に、善果が返ってくるということですね。反対に、「君のお祖父さんにはひどい目に遭わされ、苦しい思いをしてきた。それと同じ思いを君にしてもらうからね」と言われたら、どんな思いになりますか？

ぞくっ、とするほど怖いことですね。これも因果応報なのです。ですから、人に恨まれるようなことをしないことです。要するに、人に喜ばれることを沢山すればいいのです。そうしますと、その果実は自分が受けることになりますし、受け切れなければ子孫が受けることになります。

良いことをすることに躊躇う人もいます。電車の中で、年配の人や、赤ちゃんを抱いた女性に席を譲りたいと思っても、周りの目を気にして勇気が出ず、声を掛けそびれてしまうこともあるでしょう。勇気が出ないというのは、恥ずかしいという思いがあるからです。恥ずかしさを捨てるには、恥ずかしい思いをしても構わない、と自分に言い聞かせ、一度恥をかいて、慣れることです。勇気が必要なのは、最初だけです。1回できれば、こんなものかと思えますから、その後は自然体でできるようになります。恥ずかしいと思っているのは自分だけで、周りがその行為をした人を辱めることはありません。やっとの思いでした行為でも、遠慮されて断られることもあるかもしれません。それでもいいのです。声をかけて席を譲ろうとした行為そのものが尊いのです。その行為が、善因の種を蒔いたことになります。その判断は誰がするかというと、現世の人ではありません。因果応報の理を説かれたのは、お釈迦様です。目に見えない理屈を解かれたわけですから、目に見えない世界があって、そこで判断され蓄積されていくのだと、私は解釈します。信仰は、人知を超えた世界や神仏の存在を肯定するところから始まります。世界には何十億人という人々が信仰を持っています。そのことを考えますと、私はあえて、神仏の存在を否定する必要はないと思っています。皆さんは、どうですか？

この世には、何十万人あるいは何百万人に一人の割合で特殊能力を持つ人がいます。その特殊能力を、超能力、神通力、あるいは霊能力と呼びます。その能力を持つ人には、一般人の目には見えない別の世界が見え、交信することもできるのです。その人たちが、神の世界や仏の世界、魂の世界、過去世や未来世についても存在することを証言されてきました。人は自分に都合良く、霊魂の存在を認めたり認めなかったりします。認めないと言いながら、葬儀の折、死者に向かって「天国に行ってください」とか、「あの世で楽しくください」と祈る人もいます。もし、この世で散々悪いことをした人が、何の報いもなく死後は天国に行けるとしたら、因果応報を説いたお釈迦様が嘘をついたことになり、矛盾が生じます。なお、本書では、神や仏、霊魂など、目に見えない世界が存在することを前提にお話します。

〈ひとりごと〉

「因縁」、この言葉を皆様は、聞いたことがありますでしょうか？「良因縁」もあるのですが、一般的には、「悪因縁」を指します。因縁は、本当に怖いです。私も悪因縁で苦しみ、因縁の怖さを身に染みて感じました。例外なく、全ての人が因縁を持っています。私が20代の頃、お寺のお坊さんから、「因縁を切ることは難しいが、薄くすることはできる」と言われたことを思い出します。それには、「利他の行い」の積み重ねしかないと、今、感じています。

2 「利他」の定義

よく、「感謝します」とか、「ありがたく思っております」という言葉は耳にします。そう言われて、悪い気はしません。感謝する心を持つことは大事ですし、言葉に発することも大事なことです。それさえも、できない人がいるのですから、できることは素晴らしいことです。しかし、中には言葉だけで、心が伴っていない人もいます。口先だけの感謝は見透かされてしまい、人に感動を与えることはできません。感謝の気持ちを伝えたければ、その気持ちを持って行動に移すべきなのです。相手に返礼をする、ということです。これを、「小利他」とします。これは、比較的容易にできる人も多いと思います。

できる人はそこで止まらず派生して、自分が感謝した行為を、今度は自ら率先して友人知人に行ってください。これは、「中利他」です。そうすることが、善因の種を蒔くことになり、いずれ善果となって自らに返ってきます。これを繰り返し実践しますと、その行動が誰にでもできるようになります。友人だけでなく、たまたま何かの会合で知り合った人、旅行で知り合った人、あるいは、病院で知り合った人など、何かのご縁で知り合った人にもその行いをしていきますと、喜びの波動が自らを包むようになります。ここまで、できるようになった状態が、「大利他」です。あなたの周りには感謝する人が多くでき、皆さん笑顔になります。そして、それが自然と自らの喜びになります。素晴らしいと思いませんか？　ここまでの利他を目指して欲しいのです。

ここで利他を、わかりやすく定義します。「利他」とは字のごとく、他人を利することです。自分を犠牲にして、他人に利益を与えることです。その行為には他人の幸せを願う心があります。「小利他」、「中利他」、「大利他」の違いとは、その心の広がりの違いです。誰にでも利他を行うには、自分を捨て切る心が必要です。その心とは、真の愛や深い思いやりです。

「利他の行い」とは、文字通り、利他を行うことです。感謝される行為をすることです。そこには深浅があります。深い利他の行いには、常に感動があります。そのことは後述します。この利他の行いができる人と、できない人の間で人格に差がつくのです。そのことを覚えておいてください。

〈ひとりごと〉
若い方々へ

利他の内容については後述しますが、利他の心を若い時から身につけておけば、素晴らしい人生が拓けると、私は確信しています。それはなぜか、本書でその答えをしっかり掴(つか)んでください。そこが肝(きも)です。

幸せな人生を送って頂きたいと願う心は、恥ずかしながら、私の愛であり、若い方々へのエールです。若者の皆さん、利他の精神を身に付けて、率先垂範してください。

3　まず感謝から

あなたは、日々の生活の中で、どれだけ感謝をされていますか？

通常、何か自分に利益をもたらされたと感じたときに、「ありがたいことです」、「感謝します」と、言うことはあるでしょう。そのとき心がほのぼのとしたり、感動したり、あるいは喜びに満たされるはずです。感謝することは、その相手も喜びになるのです。感謝の気持ちを持つあなたの表情は、周りの人たちに伝播し、明るさを伝え、良い気分にさせます。あなたの感謝の喜びを受動した周囲の人から、「何か良いことあったの？」と聞かれた経験があるでしょう。それは、あなたからプラスパワーの波動が出ているからです。「どんな良いことがあったの、聞かせて」となって、あなたはそれを友人に話します。あなたは、それを伝えることで、感謝の気持ちが確かなものとなり、その友人も心温まり、あなたの喜びを友人と共有することができます。

たまに、「そんなことが嬉しいの？」とか、「そんなこと当たり前じゃないの」と、そうした言葉や反応を示す人もいます。気にすることはありません。世の中にはそういう鈍感な人もいます。鈍感は、日々の生活に不自由さを感じていない、恵まれた人に多いのです。そういう人に限って、「何に感謝すればいいか、わからない」と言います。恵まれていることが当たり前になると、感謝はできなくなるのです。

感謝に値する基準と言いますか、同じ行為を受けたとしても人によって感じ方は違います。それを感謝と思う人もいれば、そうでない人もいます。小さなことにも感謝できるほうが、それだけ多くの喜びを感じることができるのですから、幸福度が高くなります。感謝の少ない人は感度が悪いのです。感度が悪いと、損な人生を歩むことになります。感度の悪いタイプには、プライドの高い人が多いです。謙虚さがないから、感謝ができないのです。「プライドが高い⇒謙虚さがない⇒感謝できない⇒喜びが少ない⇒表情に明るさがない」と繋がって、周りの協力が得られなくなる。すなわち、成功者にはなりづらい、ということです。

感謝する気持ちはあっても、それを心の中で思うだけの人もあれば、言葉に出してお礼を言う人もいますし、その気持ちを行動に移して、相手にお礼としてお返しをする人もいます。何も思わないよりは、心の中で感謝することのほうがいいですし、思っているだけよりは、声に出すほうが良いのです。一番良いのは、お返しまでの行動に移すことです。それが、良い種を蒔くことに繋がります。そこから、利他の行いへと進んでいくことで、幸せの扉が開きます。

利他の行いをするにあたり、何か贈り物をもらって感謝することがあるからと、それを誰にでもすることは、金銭的にも無理が生じます。それをどんどんしなさい、と言っているわけではありません。お金を掛けずに、できることも沢山あります。利他の行いとは、自分がされて嬉しくなることをすることです。例えば、相手が真剣な話をするときは、自分に何か用事があっても、そのとき真剣に聞いてあげるとか、挨拶は笑顔で大きな声でする、人には優しい言葉をかける、電車の中で席を譲る、などです。簡単でしょう。要するに、人に嫌な思いをさせるのではなく、心が和むようなことをすればいいのです。それが感謝を集め、自らを幸せにしていくコツです。

〈ひとりごと〉

幸せでない人へ

私も、感謝が少ない、うまく感謝ができていないと、自ら気づいた時期がありました。感度が悪くなっていたのです。顧みますと、「謙虚さもなく、ああ、恥ずかしい」と思うことばかりです。

感謝できれば、「ありがとう」、「ありがとうございます」と言う回数が増えますね。その回数が多いほど、幸せを感じられるのです。感謝は、できていますか?

感謝の無い人は、幸せを願っても、幸せになれないものなのです。周りをよく観察してみてください。そうすれば、必ずわかるはずです。

4　つらい経験が感謝に繋がる

ある時、「究極の感謝とは何か?」を教えて頂いたことがあります。その人曰く、「生きていることに感謝できること」だそうです。生きていることに感謝できる人は、おそらく、あまりいないのではないかと思います。私も、「そう言われれば、感謝ですね」という程度で、意味がよくわかりませんでした。生きていることに感謝するとは、具体的に何かをお尋ねしますと、「空気があって吸えること、水道の蛇口をひねると水が出ること、たったそれだけのことですが、感謝ができますか?」と、反対に質問されたのです。私には、それらのことは至極当たり前すぎて、そこへの感謝の念は全くありませんでした。確かに、空気がなければ人間は生きていけません。水もまた然り。毎日のように水道を使っていますが、蛇口をひねる行為に感謝の気持ちを抱くことはありませんでした。

考えてみますと、戦前生まれの人なら、井戸水で生活している人も多くいたでしょうし、共同井戸まで行くのに一時間かかる、というような話を聞いたことがあります。その人たちから見れば、蛇口から水が出ることは夢のような出来事で、確かに、ありがたいと感謝の気持ちも湧いてくることがわかります。そうしますと、電気やガスのある生活自体にも感謝ということになります。これは自分が、「どのようなことに、ありがたいと思えるのか?」の問いなのです。戦争体験をした人たちは、今の平和な日常の生活がどれだけありがたいことかを知っておられます。戦争を知らない世代とは、全く感覚が違います。

このように考えますと、今の世の中、あまりにも便利になり過ぎて、それが当たり前の生活をしていますから、「豊かさが感謝の気持ちを忘れさせているのではないか?」と、考えさせられます。若い世代には、生まれたときから電気水道ガスがあり、電化製品に囲まれた生活をしています。それは当たり前のことですから、昨今の地震や台風、大雨などの災害で電気や水道の使えない生活に直面すると、どう対応していいかわからないということが実際に起こっています。それが回復して電気が通ったとき、水道が使えたとき、「良かった」とか、「ありがたい」と、心より思えますね。そこで初めて、普通に生活ができることに感謝できるわけです。そう考えますと、生まれた時から便利過ぎることも、豊かであることも、その世代にとって、それが幸せなこととは言い切れません。物の不足していた時代を経験した人のほうが、ある意味、今を幸せな時代と感じておられます。すなわち、不便や不幸、失敗やつらい思いを経験しているほうが、実は感謝を感じることができるのです。自分の子供に幸せになってほしいと願うなら、親は子にそういう時代のあったことを伝え、何でも与えるのではなく、不自由を体験させることも教育のためには必要なのです。それを何でも与えるから我が儘になり、子供は感謝の気持ちが薄れ、不幸になるのです。

〔ひとりごと〕

お子様をお持ちの方へ

私が子供の頃は、大阪市内にも水溜りの沢山ある泥道があり、田んぼも近くにあって、カエルや虫の鳴き声が聞こえていました。土が息をしている感覚がありました。都会のアスファルト道路、ビル群のジャングルの中では、感じられない季節感がありました。トイレも水栓ではなく、しかも和式でした。初めてウォシュレット付きのトイレを使った時、感激しました。今では当たり前のことや、便利な物が、それが無い時には、無いなりの生活があり、決して不満足だと、強くは感じませんでした。都会になるほど便利ですが、感謝を忘れさせ、それが不幸を生み出す源になる一面もあります。自然との触れ合いのない都会では、情操教育も欠如しがちです。

ですから、子供の幸せを願うなら、時には不自由を与えたり、田舎暮らしを体験させるのも、親の愛情ですよ。

5 挨拶の効果

挨拶を日々実践している人たちを、私は知っています。最初、挨拶ができなかった人も、実践だと自分に言い聞かせ、常に意識することから始めるようです。今では自然とできるようになった人の中にも、当初は、挨拶することが何となく恥ずかしくて、声が出なかった人もいます。続けるうちに、少しずつ声も出るようになって、今では誰にでも気後れすることなく、大きな声で挨拶ができ、笑顔を振り撒くことができるようになったそうです。この行動が、「自分自身を変えた」とも言われていました。

どう変わったか、と尋ねましたら、「挨拶ができなかったときは、誰からも挨拶を受けることもなく、何となく下を向いて歩いていました。でも、この挨拶の実践を通じ、人と会うのが楽しくなって、挨拶の声掛けをせずにはおられなくなったのです。また、笑顔を向けると必ず笑顔で返してくださるようになり、歩く時もしっかり前を見て、誰か声を掛ける人はいないかと、知り合いに会えることが楽しくなりました」とのことです。「あなたに笑顔を向けられ挨拶されると、何だか心が和みます」とか、「あなたを見ていると、悩みごとも小さなものに感じられます」と、言われるようになったそうです。大きな声で笑顔を忘れず、挨拶するだけで自分の気持ちだけでなく、周りの人の気持ちも明るくする効果があるということです。周りを気持ち良くさせますから、利他になります。

これは、誰にでもできそうな利他です。挨拶ぐらい簡単、と思っているでしょう。簡単だから中途半端な挨拶しかできていないとか、挨拶を省略している人もいるのではないかと思います。プライドの高い人ほど、自分から先に挨拶をしません。そんなプライドは必要ありません。

挨拶の実践は、早い段階で良い効果が期待できます。人からさわやかに大きな声で、満面の笑みをもって挨拶されれば、決して悪い気はしません。それができているかどうかは、相手の反応を見ればわかります。良い挨拶をすれば、良い挨拶が返ってきますから、簡単にわかります。良い挨拶ができるようになるまで行ってみてください。「良い挨拶ができない」と、途中で諦めるのではなく、できるようになるまでやってみることが大事です。それが身につけば、自然と、人との会話もスムーズになります。当然、人間関係も良くなります。人間関係で悩んでいる人は、挨拶ができていないのではないかと思います。ぜひとも、チャレンジしてみてください。

挨拶の効果を知ってから、私は挨拶の仕方に興味を抱き、周囲をよく観察するようにしました。そうすると、良い挨拶ができる人と、できていない人に大きな差を見出したのです。良い挨拶をしている人には、周りにいつも笑いがあったり、明るいムードが漂っていますが、挨拶のできていない人は、無表情であったり、表情に暗さがあり、周りに人はいなく寂しい感じが漂っているのです。良い挨拶のできる人は、性格的に明るい人というイメージがあり、仕事や勉強の能力とは関係なく、人に好かれているように見えます。一方、挨拶のできない人はその逆で、性格的に暗いムードがあり、人との交流をあまり望んでいない、という感じがします。ですから、仕事が良くできても、勉強が良くできたとしても、孤立的で人に好かれるタイプとは言いにくいと感じます。これは、私の主観的な見方ではないように思えます。

〈ひとりごと〉

孤独を感じる人へ

「挨拶、できていますか？」。たかが挨拶、されど挨拶です。挨拶はコミュニケーションの始まりです。これができないと、人間関係は築けません。1日10回以上、必ず挨拶すると決めて、実践してみてください。そうすれば、毎日10人以上と会話を交わすことになります。これを実践しますと、孤独なんか感じている暇は無くなりますよ。

孤独を感じる人は、一人で考え事をし過ぎてはいませんか？　なるべく考えないようにしてください。考えている時間があるなら、すぐに実践するのです。実践すれば、結果は自ずとついてきますよ。

6　GIVEが先（利他より始めよ）

人には、どのように接していけばいいかをお話します。

ある保険営業をされている人に、アドバイスしたときの話です。この人は元銀行員で、転勤の多い銀行では顧客と長い付き合いができないため、保険会社に転職されたのです。

この営業マンは、仕事のできる人だと感じていました。そして、私はその人の勧めで保険契約をしました。私には親しくしている顧客が多いと思われて、「顧客を紹介してほしい」との発言がありました。でも、「紹介はしません」とお答えしました。「なぜですか?」と問われたので、「あなたとは知り合って間もないし、信頼関係が未熟です。保険商品を気に入ったので保険契約をしましたが、それだけで顧客を紹介しようとは思いません」と答えました。

私はこの人に意地悪をしているわけではありません。この人が営業マンとして伸びていくためには、その営業手法では伸びないと思ったのです。それはこの人だけでなく、不動産分野で営業をしている人達にもいます。私の事務所に不動産情報が欲しい、と訪ねてくる人が多くいました。その時、「自分が求めている不動産情報は、こういう条件に当てはまる不動産で、それに見合う不動産が売りに出た時は、ぜひとも私にその情報をください」と、毎度聞かされました。でも、そんな人には情報は出しません。そういう情報があった時は、常日頃からお世話になっている人や、仕事上、親しく付き合いをしている人に伝えます。ビジネスでは、「GIVE and TAKE」と言われるものです。文字通り「GIVE」が先です。すなわち、与えることが先に来ないといけません。それを知らない営業マンは、先に「TAKE」、取ることを優先します。自分の利益優先の営業をされるのです。それでは、いつまでたっても営業成果は上がりません。そのことに気づいていない営業マンが、何と多いことかと思います。これは、「利他より始めよ」ということです。

仕事ができる営業マンを観察してみてください。求める前に、先に情報提供するなり、相手の利益に繋がることや、プラスになることをされているはずです。そのお返しに、自分の求める情報や顧客の紹介があるのです。順序が逆では、うまくいくはずがありません。これを私は、「くれくれ営業」と名づけています。自己利益優先営業の典型です。こういう営業で成功した人を見たことがありません。たまには情報を、あるいは、顧客を紹介して頂けるかもしれません。しかし、その価値は大したことがないように思います。価値ある情報は、簡単には手に入らないものです。

私が何を伝えたいのか、もうおわかりですね。私はこの保険営業マンに、「利他の営業をしなさい」と伝えたのです。その営業マンは、「よくわかりました。顧客紹介の発言は取り消します。ありがとうございました」と言われたのです。この人は伸びる要素をお持ちだと思いました。

利他の精神があるかどうかが、営業の成果を左右するのです。先に他人を利する行いをするのは、自分の利益確保に費やす時間が少なくなるように思えます。しかし、実際はその逆です。これはやってみないと理解できないことです。これも因果応報の理に通じることです。「情けは人の為ならず」（人に親切にすれば、いずれ巡り巡って自分に恩恵が返ってくる）という諺は、このことを教えてくれているのです。他人を利する行いは、良い種を蒔くことに繋がり、その結果としていずれ善果が現れます。ここには時間差がありますから、すぐに現れることもあれば、忘れた頃に現れることもあります。ですから、どの利他の行いが善果として現れたのか、それはわかりませんし、わからなくても一向に構いません。良い情報を貰い、それが自己の利益になれば、素直にお礼を言えば良いことですし、また、お返しをすれば良いのです。頂戴するだけでは後に繋がりませんから、必ずお返しをすることです。そうすることで、ビジネス上の信頼関係ができていきます。こういう関係を、たくさん持てば持つほど、成果も自然と上がり、その人の評価も上がります。簡単なことなのですが、この簡単なことができないから成果が出ないのです。

究極の営業スタイルは、「GIVE and GIVE」です。この気持ちがあると、相手は自然と、それに応じたくなるものなのです。反対給付を求めない営業は、営業でないと思われるかもしれません。そんなこと、できないと思われるでしょう？　それは下心があるからです。それを見透かされると、信頼が得られないのです。信頼がないから営業成果が上がらない、となるのです。利他を中心に考えると、いずれ信頼を得て営業成果に繋がります。見返りを求める心を持って行う利他は、真実の利他ではありません。利他は、美しいものです。美しくない行為は、利他に通じないのです。利他は、感動に通じます。下心なく行うところに、感動があります。感動が、人を動かすのです。この理屈を身につけられると、あなたの行動は変わります。相手を感動させる行為をすることが、営業成果を上げる極意です。

〔ひとりごと〕

営業担当の方へ

私は、利他の感動を何度も経験しています。本当に気持ちのいいことです。感動を呼ぶから行うのであって、そこに利己の心はないのです。

利他の行いで、「結果は求めずとも、ついて来る」と、そう思えるほどの心境に、早くなった人が勝ちです。利他の行いによって、とことん相手を感動させてみせるとの気概が、良い結果を運んできます。簡単なことではありませんが、やっているうちに身についてきます。身につけば、営業で困ることは無くなります。私の体験から言っても、これは紛(まぎ)れも無い事実です。

7　和合が利他に通じる

私のペンネーム、「和合」とは、「調和、人と争わない、平穏、ハーモニー」といった意味です。和合するとは、たとえ相手とぶつかり反撃されても、言うべきことは言い、伝えるべきことは伝えて、理解を得ることです。相手の言うことを、一旦受け入れることは大事なことです。しかし、言われたことを消化できずに、受け入れただけでは、争いが無くても、表面上の調和があっても、それは和合したとは言えません。人の言いなりでは、形の和合になっても、真の和合とは言えないのです。互いに相手を、屈服させようと思っている状態では、争うことにもなりかねません。互いに言い分があっても、その一部は認め合い、意思疎通を高め、最後まで諦めずに調和させよう、争いは少なくしようと思っての行動が、和合することに通じていきます。

企業内において何か新しいことに挑戦しますと、何らかの壁が立ち塞がることはよくあります。新規事業を進めるにしても、旧態依然が好ましいという社員もいます。今が心地良い状況にいる社員にとっては、新規事業が立ち上がることで、自分の立場が不利になると感ずれば反対するものです。何事も理想を掲げただけでは前に進みません。反発があっても、それをすることが皆の幸せに繋がるとか、会社にとって必要という大義があれば、やり遂げるまで諦めないことが重要です。「諦めない」を実践するには、大きなパワーが必要です。どんなことでも、権力の無い者が組織を動かしたり、方向性をつけたり、変革を成し遂げることは難しいでしょう。いろんな圧力や軋轢（あつれき）が立ちはだかりますから、それを撥（は）ね退（の）け、突破しないといけません。その時は、相手を傷つけないように、気を配ることも、調和を図ろうという気持ちも必要です。

成し遂げるためには仕方がないと、邪魔者を負かして痛みを与えることに無関心ではいけません。目的を達成しても、相手に逃げ道を残しておくくらいの余裕が必要です。それが恨みを買わない秘訣です。相手をやり込めての成果は、分断を招きかねません。いずれ形を変えて反撃に遭うこともあり得ます。そうなることが本意でなければ、和合することを心掛けて行動することです。それが利他に通じます。これは因果応報の理からいっても、理屈に適っています。目的達成のために敵を作るのではなく、敵も味方にするくらいの度量が求められます。これをできる人が伸びて、いずれ誰からも尊敬を集める人になるのです。

私は、自分自身の経験から、何かを成し遂げる過程での犠牲や痛みを共感できます。今、そういった取り組み中の人から相談を受け、「障害が大きいから諦める」と聞かされますと、「勿体無い」と思ってしまいます。障害はあって当たり前で、その障害を乗り切るところに自分の成長があり成果があるのです。誰でも簡単に乗り切れる障害など、障害ではありません。障害は大きければ大きいほど、チャレンジする価値があると思って努力するところに未来があります。チャレンジを諦めないことが、自分の未来を切り拓いていくのです。私は、チャレンジする人を応援したくなります。

和合するためには、「自分を捨てる」という覚悟も、時には必要です。自我を張っていては、纏まる話も纏まりません。この自我（自己主張）が強すぎますと、相手も引くに引けなくなりがちです。話を纏めることが非常に大事な場面では、纏めないという選択肢はありません。最後には、自己主張を引っ込めることも必要です。その時、利他を考えて纏める努力の先に、和合することができるのです。自分を捨てるとは、相手を受け入れることです。捨てることで、得るものがあるのです。「捨てて得る」の意味を本当に理解するには、体得するしかありません。

世界的に有名な二人の考え方を比較します。一人は、アメリカのトランプ大統領、もう一人は、スウェーデンの環境活動家グレタ・トゥンベリさんです。トランプ大統領が掲げる「自国第一主義」は、これまでにない分断を招いています。これは、「利己」だからです。「利他」とは真逆の考え方です。行きつく先は、闘争になります。自国第一主義は、自国さえ良ければ他国はどうでもいいと聞こえます。個人に置き換えれば、自分さえ良ければ、他人はどうなろうと関係ない、ということと同じです。そこには、和合しようとする姿勢は全く感じられません。とても危険な考えだと思えます。その背景にあるのは、大統領という権力者であり続けるための、特定支持者に対する利益誘導です。アメリカが強国であるがゆえに、他国の批判は抑えられていますが、仮に、日本の首相が自国第一主義を掲げれば、世界中から大非難を浴びることでしょう。アメリカが、尊敬されない国になってきていることも頷けます。因果応報の理から考えますと、それだけでは済まないような気がします。

グレタ・トゥンベリさんは、弱冠17歳ですが、地球温暖化防止のための活動をし、世界中に大きな影響力を持ち始めています。今、地球環境と、経済的繁栄の調和を考える時期であるのは明白です。そのため、環境を犠牲にして、経済的発展のみを追求することに待ったを掛けたのです。そこには有名になろうとか、地位・名誉を得たいという野心は見えません。あるのは子どもの未来・人類・地球を守るという強い意志です。無私の心を感じます。今では、新型コロナウイルスのパンデミックから子供の権利を守るため、食料・医療・教育機会喪失等の問題にも取り組み、活動の幅を広げ始めています。この行為は、「利他」にほかなりません。そこには、「利己」の欠片(かけら)もありません。「利他」と「利己」、どちらが美しいか言うまでもありません。

〔ひとりごと〕

皆さんは、自国第一主義をどう考えられますか？　私は正直、馴染めません。トランプ大統領を支持するアメリカ人の根底にある考え方が、本当に怖いです。

トランプ大統領の行動基準は、大統領選で支持してくれる人や、支持してくれた人の利益を守ることです。非常に単純でわかりやすいです。しかしながら、これほど、マスコミにも野党にも打たれ強く、非難にもめげず、対抗心を露(あらわ)にする人も珍しいです。

トランプさんの器はどうか、と聞かれれば、大きいとは感じません。また、和合の心も感じられません。それでもアメリカ大統領です。この代償は、アメリカにとって大きなものになるような気がしています。

第三章

謙虚

1　成功の秘訣は利他と謙虚

私は、読者の方から不動産投資で成功する秘訣をよく聞かれます。その回答として申し上げた、基本的な5点を列記しますと、次のようになります。

1　借金は消費材を購入するためにするのではなく、利益を生むものにする。
2　物欲を抑え、お金を無駄に使わない。
3　最初から、楽して儲けようとしない。
4　不動産について、誰よりも勉強して知識武装する。
5　自分だけ儲かればいい、という考えをしない。

以上ですが、これは何も、不動産投資に限ることではありません。

1は、車や生活用品を買うのに、借金をしないということです。自分の欲望を満たすための消費にローンを使う人は、まず不動産投資に向きません。良い借金（お金を生む借金）と、悪い借金（お金を消費する借金）の区別のつかない人だからです。

2は、お金に少し余裕ができると、すぐに高級品を買いたくなる人です。こういう人も向きません。不測の事態を考えていないということです。失敗するタイプです。

3は、不動産投資をすれば簡単に誰でも儲けられて、それが不労所得で楽だからと始める人も向きません。見かけはそう見えるかもしれませんが、実際には苦労もあります。苦労することが起こりますと、不平不満が出てくると思えます。

4は、勉強をしない人は向きません。知識は持つべきですし、少しぐらい知って満足しているようでは成功しません。私も、常に新たな知識を吸収するようにしています。私は、いまだに不動産のことであっても、知らないことがあります。知識武装することが、知恵を生み、難問にも対処できるのです。

5は、不動産投資をするということは、売主、仲介業者、借主、管理業者等と関わりができます。その時、自分だけ儲かればいいという発想を持っていると、どこかで反発を買うことになります。周りの協力を得ながら成功させて頂くのだと、謙虚な気持ちがないと、うまくいかないものです。

他にも伝えたいことはありますが、特にこの基本となる考え方や、生き方に問題があると成功は難しいと思います。人は、一人では生きられません。どんなビジネスでも成功させるには、人の協力が必要となります。あらゆるビジネスに共通する成功の秘訣は、仕事においても日常生活においても、利他の精神（他への思いやり）を持つことです。そのためには謙虚さが必要です。成功できない人は、このことに無頓着だと感じます。

〈ひとりごと〉

先述の5点は、私自身が戒めていることです。

子供の頃は「お金持ち」に憧れましたが、今、憧れるのは「お徳持ち」です。

時にお金は、派手なパフォーマンスで、あるいは、人を苦しめても、稼げることもあり得ます。でも、徳を積む行為は、地道で、派手さは全くありませんし、世のため人のためになっていなければ、徳は積めません。また、どれだけ徳が積めているか、見ることもできなければ、定量的に測ることもできません。そのため、その行為の継続は難しく、徳の貯金はしづらいものなのです。また、尊い陰徳を積むには、目立ってはダメで、褒められることを期待してもいけないのです（その意味は後述します）。

それゆえ、尊いのです。

目に見えるお金持ちと、目に見えないお徳持ちを比較しますと、人格はお徳持ちのほうがずっと上です。では、「あなたは、どちらになりたいですか?」と聞かれたら、あなたは、どう答えますか?

例えるなら、究極の選択問題です。心の汚い美人と、心のきれいな不美人、さて、あなたは、どちらを好みますか？　あるいは、あなたは、どちらになりたいですか？

2　気づけましたか？

私の収益不動産に関する著書を読まれて、私に会いたいと願って頂ける方が何人もいました。私に直接教えを請いたいと思われて、来訪されます。その全ての方に、お会いしたわけではありませんが、その方々と面談に至るまでの申し込み方や、面談時間・場所の設定の仕方を見ていますと、会う前から、その方はどのような性格で、どのように考えておられるかが大体わかります。なぜなら、その方の文章表現に、それらが表れるからです。

例えば、不愉快な表現があったり、傲慢な感じを受けますと、その段階で面談をお断りするケースがありました。でも、本人はなぜ面談してもらえないのか、気づかれていないこともあります。次に挙げる事例を、皆さんご自身のビジネスマナーを思い浮かべながら、読んでください。これは、読者の山上さん（仮名）と、実際にやり取りしたメール内容です。山上さんの了解を得ましたので、本書に掲載させて頂きます（メール内容に、第一章と重複する部分がありますので、一部省略・修正しています）。

山上さんの年齢は30代後半、東北地方にある大きな病院にお勤めの薬剤師です。30歳から不動産投資に目覚め、すでに10数棟の賃貸マンションや、アパートを所有されていました。私の著書、『収益店舗所有の極意』（平成28年、清文社）を読まれ、「真剣に店舗を購入したい」と、書かれたメールが来ました。

店舗を購入するには、それなりの自己資金の用意が必要ですから、自己資金額を含め、不動産に対する考え方や資産状況等もお尋ねしましたら、略歴書、現在の借入状況、所有物件の一覧、金融資産一覧、年収を記載した用紙を送って来られました。まだ面識のない私に、これだけの個人情報を送って来られるのは、私を信頼されているからと察し、私もその信頼に応えようと思いました。山上さんの所有物件を確認する中で、「すぐに売却したほうがいい」と、思える物件があるとお伝えしたところ、山上さんの行動は素早く、数日後には売却の動きをかけておられました。もちろん、なぜ売却したほうがいいのかを説明し、それを理解されてのことです。私は、山上さんが店舗を購入したいと思う気持ちは本気と感じ、いい物件があったら紹介してあげよう、と思いました。それは、私の心を山上さんが動かされたからです。

私は、これまで顧客を選んでビジネスをしてきました。誰でもウエルカムではないのです。基本的に、一人ひとりの顧客に私が直接対応しますから、時間的にも肉体的にも限界があるからです。顧客の一定のレベルを保つことが、より良いサービスの提供をスムーズにするための手段でもあったのです。

しばらくして、山上さん自身が見つけられた複数の収益店舗に関し、アドバイスを求めてこられました。物件資料を見ますと、そのほとんどが、私の知っている物件です。過去に他の顧客からアドバイスを求められた物件もありましたから、すぐさま回答しました。それらの中には、検討を重ねていく上で購入しても良いと考えられるものもあり、注意点を指摘し、それぞれにコメントをして返信しました。

その後、九州に出張されるということで、その途中、私が住む大阪で前泊し、その夜に会いたいと連絡がありました。私はこういう場合、以前なら即刻断っていました。でも、年齢も重ねセミリタイアしていますので、「時間と場所を指定して頂ければ、会いに行きます。一緒に食事をしましょう」と返信しました。この時、なぜ私は断ることも考えたか、おわかりになりますか？　それに気づかれた方は、成功する能力をお持ちかと思います。

その回答は、後に記します。山上さんは時間と場所を指定されてきました。時刻は平日の午後8時、場所は大阪空港近くの駅の喫茶店でした。食事は大阪に居る弟と、私との面談の後にする予定との返事でした。私はその返信メールを見て唖然(あぜん)となり、以下のメールを返信しました。

「山上様

私はそこへ行くのに、1時間はかかります。午後8時に行って、1時間お話したとします。私は行く前に、食事を済ませておくか、帰ってから食事をするか、一人で外食するか、考えないといけません。私は山上さんのご要望に合わせて、初めて面談するのに、私の状況をどう考えられていますか？　私は何のために会うのでしょうか？

私は相談事を持ちかける場合、可能な限り、相手の立場に立って考えるようにしています。そうしないと、失礼になると思うからです。私は別に、山上さんと会わなくても何ら困りません。ビジネスを成功させようと思えば、最初の印象が大事ですよ。自分の都合中心の考えが見透かされると、一事が万事、と見られても仕方がありません。その姿勢では、人の協力は得られないと思ってしまいます。

今回、飛行機も決められたことですし、山上さんにお会いしに行きますが、心地よいものではありません。私は、はっきり自分の思いを顧客に伝え、顧客の気持ちも受け止め、互いの信頼関係を高めてビジネスをしてきました。わかり合えないと、うまくいかないことにもなり、誤解も生じやすくなるからです。顧客の喜びを、私の喜びとしてきました。考え方は非常に大事で、ある意味、自分をさらけ出さないと理解できないものです。でも、全ての人に理解してもらえるとは思っていません。私は、そのことを理解された顧客を大事にしますし、顧客も私への信頼は非常に大きくなります。ですから、長くお付き合いできるのだと思います。」

そして、参考までに、初めて面談に来られた、他の顧客のアポイントメントの取り方を伝え、

「私が何を言いたいか、おわかりになりますか？　その答えを当日聞かせてください。そのうえで、山上さんとお付き合いするかを決めます。」

と返事をしたのです。すぐに、山上さんから返信が来ました。そこには、こう書かれていました。

「和合様

お世話になっております。ご指導頂きありがとうございます。

私は和合様と、今後お付き合いするに値するか、選定される立場であるため、お付き合いするに値しない、とのご判断になった場合、食事の約束をして、長時間、和合様を拘束してしまうことが、一番失礼ではないかと思っておりました。

この度は、私の勝手な価値観を押し付けてしまい、大変申しわけございませんでした。

ご気分を害されたのであれば、心より謝罪申し上げます。大変申しわけございませんでした。まだまだ、私は未熟者と痛感しております。今後のアポイントの依頼の際には、重々注意してご連絡申し上げます。

本来、別日程のビジネスタイムで、アポイントを依頼し直すべきかと存じますが、今回可能であれば、お食事も含めてご面談させて頂くことは可能でしょうか？　少し遅い時間になってしまうかもしれませんが、場所は和合様のご自宅の近くや、大阪中心部のホテルロビーでも問題ございません。伊丹（大阪）空港に着きましたら、すぐにお伺い致します。ビジネスで成功するには、自分の都合で他人を振り回すようなことをしては、他人は協力してくれない。相手の立場や状況を一番に考え行動し、信用を築くことが一番重要である。このようなことを、和合様は私へのメッセージとして、ご連絡をして頂いたのではないかと、認識しております。和合様のぶれない一貫したスタイルに、心より尊敬いたします。また、ご指導、誠にありがとうございます。
このような立場で、大変恐縮ではございますが、今一度、この度のご面談につきまして、ご検討いただけますと幸いです。誠に恐れ入りますが、何卒よろしくお願い申し上げます。」

この返信メールを見まして、私は、一遍に山上さんと会う気が、失せてしまいました。
私は再度、返信しました。

「山上様
私は、山上さんが目上の人とお付き合いされるときに、必要なマナーを、お伝えしておこうと思いました。今回のメールを拝見し、お気づきになっている点と、まだそうでない点があります。
山上さんのメールで、『本来、別日程のビジネスタイムで、アポイントを依頼しなおすべきかと存じますが、…』と書かれていますね。『存じますが』の『が』は余計なのです。『存じます。』と、肯定されれば、ご理解されたな、と思うわけです。
そう言われれば、『私のほうから、お会いしましょう』となるのです。相手から、そう言ってもらえるようにしないといけません。反省が反省になっていないと感じるのです。

山上さんは、九州に行く途中、私に会いに来られるのでしょう。これは、私にすれば、『出張のついでに来られる』と思っています。普通なら最初から断っています。でも、遠方からでもあるし、店舗への投資を真剣に考えていると言われたから、今回はそれでもいいかと思ったのです。

これでは、真剣な思いは伝わりませんよ。まだ何とか、この機会にと思われているからです。時間は誰でも貴重です。山上さんはそれをわかっておられるから、ついでに大阪に寄ろうと思われたのかと思いますが、私も時間を大事にします。

それでも、何か山上さんから感じるものがあったから、お会いしようと思ったのです。本当に大事に思えるなら、私であれば、何としても時間を作って会いに行くと思います。それで初めて、自分の思いが相手に通じると思うのです。違いますか？

今回は、お会いするのを止めにしておきます。これで山上さんと、連絡を取らないというわけではありません。私は誰でも、ウエルカムではありません。以前の私なら、ついでの申し出があった時点で、たぶん、お付き合いはしないと思ったことでしょう。もちろん、このような説明も致しません。

年齢を重ね、知らない人には教えて差し上げようと思う気持ちができたのですが、基本的に、ビジネス上の礼儀を知らない人とは付き合いたくないのです。偉そうなことを言って申しわけありません。でも、人生の成功を考える人には、非常に大事なことをお伝えしているつもりです。山上さんなら成功できると思っています。ただ、今は心の余裕がないのかもしれないと感じます。だから、今はお会いしないほうがいいと思うのです。正直に、自分自身に問うて欲しいのです。私に会うことの重要性が、山上さんにとってどれほどの優先順位かを、よく考えてみてください。それが答えです。」

どうでしょう、おわかりになりましたか？　山上さんは、何度か私の気持ちを害されました。

1点目は、出張のついでに、会いに来ようとしたことです。自分が本当に必要と思うなら、目上の人に面談を申し込む姿勢が間違っています。自分から面談を申し込んでおきながら、私の都合でなく、自分の都合に私を合わさせようとしたことです。

2点目は、大阪で弟さんと食事をすることを、事前に決めていたことです。私は山上さんにとって、優先順位はかなり低いのです。山上さんに、これまで色々アドバイスをしてきましたが、一切金銭をもらっていません。私の好意でしてきたことです。

３点目は、私が返信して指摘しているのに、再度、同じ過ちを繰り返されたことです。機会を改める勇気を、持たれなかったことです。「せっかくの機会だから、この機会に何としても会いたい」という気持ちが見えます。自己中心的な考えが出ています。山上さんの謝罪というのは言葉だけで、私には伝わりませんでした。

４点目は、「食事の約束をして、長時間、和合様を拘束してしまうことが、一番失礼ではないかと思っておりました」という文言ですが、私には、言い訳にしか聞こえませんでした。謝罪するときは、言い訳がましいことは一切言ってはダメなのです。謝罪に徹して、行動で示すことが相手への誠意です。そのことを、山上さんはわかっておられません。このメールを見て、今は会う時期ではない、と思った次第です。

その後、山上さんから、再度、返信メールが来ました。

「和合様

ご連絡ありがとうございます。また、ご指導ありがとうございます。

ただただ、今の私は、和合様にお会いするに相応しくないと痛感しております。また、これまで知らず知らずのうちに、他の方にも失礼な態度をとっていたと思うと、申しわけない気持ちでいっぱいです。
和合様は、私に会うメリットがありませんが、私にとってどれほど重要なことか、もう一度、整理致します。また、ご面談するに、相応しい人物になれるよう努力いたします。必ずまた、ご面談の依頼をさせていただきます。よろしくお願い申し上げます。」

私も再度、最後とすべく、次のようなメールを送りました。

「山上様
わかって頂けて良かったです。わかれば次は実行ですよ。口では誰でも、何とでも言えるのです。人の神髄は実践にあります。私は厳しさの裏にこそ、利他があり、愛があると思っています。私はサラリーマン時代の42歳の時、上司と反りが合わず、降格になったことがあります。周囲の同僚は同情をしてくれました。でも、私の心は収まりません。そこである方に相談したのです。その人は、落ち込んでいる私にひと言、『良かったですね』と言われたのです。何が良いのか、さっぱりわからない私に重ねて、『いずれわかりますよ』と言われ、煙に巻かれたような気分でした。答えは、教えてくださらなかったのです。

私の気持ちを考えれば、決して言える言葉ではありません。この方は人格者ですから、言われることを信じてみました。10か月後、部長に返り咲きました。その時には、人事評価を気にしなくなっていたのです。私は会社にではなく、社会に評価される人間になろうと思っていました。視野が広がったのです。これが、『良かった』の意味かと気づき、何だか一皮むけたような気分でした。人事に一喜一憂しない、人生にはもっと大事なことがあると気づくことができたのです。これが、『いずれわかる』と言われたことだと、確信しました。

それから会社員をしながら、出版に漕ぎ着けたのですが、この時もまた、社内で出版に難色を示す役員がいました。出版期限もあり、会社を辞めてでも出版しようと決意した時、私を復活させてくれた営業専務が、『辞める必要はない。出版は俺が責任取ってやるから出版しろ』と言ってくれました。出版の道が拓け、和合実が誕生した瞬間です。後日談がありまして、本当に私が退職を決意したとき、『今なら辞めてもいい、お前のいい時期に辞めろ』と、言ってくれたのもこの専務です。この方は後に、社長となりました。私を支援してくれた方々のためにも、私は絶対成功しないといけない、必ず成功してみせると強く決意しました。そして、人に喜んでもらえる仕事をしようと思ったのです。この2名の方は、人として非常に大きな器をお持ちだと思いました。私もこの方々のように、大きな器を持てる人間になりたい、見習おうと思ったのです。

人に同情するのは、『小善（しょうぜん）』です。誰も言わない厳しいことを言って、本人がわかるまで待つ。これは、なかなかできることではありません。これをされる人が、『大善（だいぜん）』です。大きな愛とも言えます。厳しいことを言われると、つい反発をしてしまうものですが、『言わないでもいいことを、あえて言ってくれているのだ』とわかると、非常にありがたくなります。要は、受け止め方の問題であり、受け止める側の器の問題です。私はこのお二人に、非常に感謝しています。何度も、長々とメールを書くにも時間が掛かります。私がなぜ、ここまで山上さんに関わるのかと言いますと、これが私のこのお二人へのご恩返しであり、利他の行いなのです。気づく人を増やしたいという思いです。私はつらい目にあって初めてわかったのです。『器の小さい傲慢な人間であった』と。降格はそれを私に気づかさんがための試練だったのです。今では降格を経験して良かったと思えます。あれがなければ、今の私は無いからです。これで、私のメールは最後とします。」

ご理解頂けましたでしょうか？　人にはそれぞれ自分の都合があります。でも、自分の都合を押し付けはいけない場合があるのです。若い人、特にプライドの高い人にそのことが失礼になると、あるいは、迷惑になっていると気づいていない人が多いように感じます。

それを気づかないまま人生を終えるとしたら、成功は望めないと思います。

私のメールに対して、最後の返信が、山上さんから来ました。

「和合様
ご丁寧なメールありがとうございます。まだ、私は和合様の真意を、半分も理解できていないと思います。もう一度、和合様のお人柄を、ご著書を拝読して勉強し直します。

私は高校野球をしていたのですが、『野球を教えて欲しかったら、私生活（あいさつや生活態度）を、きちんとしろ！』と、当時の監督から、指導を受けておりました。

この後日談として、社会人になり、その監督とお酒を飲んだときに、『オレは、お前らと本当は仲良くしたかった。しかし、厳しく指導しないと、将来のお前らのためにならないと思った』と、語っておられました。今、そのお話をふと思い出しました。

和合様が、私に厳しいことをおっしゃることは、本当に時間も労力もかかることだと思います。

今回、ご指導頂けたことは、大変ありがたいと思っております。お陰様で、自分自身の未熟さや、失礼な態度であったことを認識できました。早速改めて行動致します。そして、また、出直して参りたいと思います。

今後ともご指導ご鞭撻の程、何卒よろしくお願い申し上げます。」

山上さんもどうやら気づかれた様子です。高校時代の野球部の監督が言われたことを、思い出されました。たぶん高校時代は、監督の言われることの真意がわからずとも、野球を教えて欲しいから、挨拶も生活態度もきちんとしよう、と思われたことでしょう。当時は、うるさい監督ぐらいにしか思っていなかったかもしれません。社会人になって、厳しさの裏側にある監督の愛情を感じられたのです。でも、まだ頭でわかっただけで、体得しておられません。私の指摘で忘れていたものを思い出されました。この状態から、体でわかる状態にまでもっていかないと、人生の損失になります。痛みを伴う失敗をして、初めて気づくこともでき、同じ失敗はしないと強く思えるのです。痛みが軽いとすぐに忘れて、同じことを繰り返すことになります。ですから、常に自分に言い聞かせながら、自らの態度に傲慢なところはないか、利他の精神はあるか、自己中心的になっていないかと、自分に言い聞かせることが肝要です。

山上さんは、私に不動産投資の指導を受けたいと思われていたのですが、私に会う前から不動産と関係ないことを指摘され、戸惑いがあったと思います。おそらく、山上さんの私に対するイメージは、単に不動産投資のアドバイザーぐらいにしか、思っておられなかったと感じます。その状態で面談した場合、私がいくら説明してもいいとこ取りをして、要領よく成功したいと思われる可能性が大きいと感じました。不動産投資に限らず、どんなビジネスでも成功したければ、それなりのマナーであったり、情熱や行動を伴わせないとできることではありません。それを知らずして、いくら知識を身に付けようと、いくらお金があって不動産を購入できても、それで完了ではありませんから、いつ躓いても、いつ失敗してもおかしくはありません。精神的に未熟であるということも、器が小さいということです。器の小さい人は、自分にとって都合の悪いことが起きると、その原因を自分に見出すのではなく、他人のせいにしたり、社会のせいにしたりと、自己保身的な発想を持ちがちです。ここに思い当たる節のある人は、それを改めないと成功者にはなれません。一時的に成功者になったとしても、それはいつまでも続かないものです。

〔ひとりごと〕

ひょっとして、このメールのやり取りをご覧になって、私のことを怖いと思われませんでしたか？　山上さんに尊大な態度を取っていると、不愉快に思われた方がいたら、申しわけありません。不徳の致すところです。

山上さんとは、その後もメール交換をしています。実は、まだ、お会いしていません。でも、本書が出版されるのを、山上さんも楽しみにしてくださっています。

人の縁は不思議なものです。邂逅(かいこう)すべくして、邂逅するのです。山上さんとも遠くない時期に、お会いすることになろうかと思っています。

3 相手は自分を映す鏡

感謝の意味が、よく理解できていない人もいます。ある時、知人の資産家の方が、「謙虚に、また、感謝の気持ちを持って生活されるほうがいい」と、ある方から忠告されたのです。

それに対して、「私は、感謝して謙虚に生きています」と、はっきり返答されました。時々、感謝の概念と言いますか、レベルの異なることがあって、言われたことに納得できない人もいます。この人は他人に迷惑をかけることなく、人にも普通に接し、まじめに生きてきたと思っておられます。ですから、そう言われても深く掘り下げて、見返ろうとはされません。

ある時、この人に理不尽なことが起こりました。その時、この人の感情は激しくなり、何とか一矢報いたいと思っておられました。それは、ある人から、自分がしていないことをしていると決めつけられ、嘘をついている、と言われたからです。嘘をついているのは相手の方で、「その嘘を暴いてやる」と逆上されています。私は、「相手の嘘を暴いて、何か変わりますか？　あなたの気分は、すっとするかもしれませんが、また、その人に憎しみを抱かせ、仕返しを受けることになるかもしれませんよ」と言いますと、「そうしないと、気持ちが収まりません」と言われたので、「それは、あなたも相手も、互いに同じレベルの人間だということですよ。際限なく仕返しの応酬をするつもりですか？　金持ち喧嘩せず、と言います。そんな相手のことなど、放っておけばいいのですよ」と言って、何とか気持ちを静めて頂きました。

私は、この人のことが気になり、人とどのように接しておられるのか、しばらく観察していました。この人は気づいていないようですが、私には、上から目線で人を見ておられると感じました。それが周りの人の反発を招いているように感じます。日々、感謝していると言われていましたが、私にはこの人がいう感謝は、物を人から貰えば、「ありがとう」という初歩的な感謝です。この人に、「生きていることにも、感謝できますか?」と尋ねれば、返事に迷われると思います。気持ちに余裕が無いため、人の意見に耳を傾けられず、自らを掘り下げて考えることも、自身の行動を省みることもできないのです。

そのため、誹謗中傷(ひぼうちゅうしょう)するような人のレベルに自ら降りて行って、「あなたの言っていることは違う」と証明したくなるのです。言わせておけばいい、相手にしなければいいという発想より、嘘を暴いて相手に謝らせたい、という気持ちが強いのです。これらの現象を見ていて、「この人は、争いごとを呼び込んでいる」と、思わざるを得ませんでした。

どこかで争う気持ちを切り替えて、相手を見下したり、非難する前に、「自分の中に、相手にそう思わせるものがあるのかな」と、自分自身に問題点を見つけるようにしていくと、きっと何らかの気づきがあるように思えます。相手は自分を映す鏡のようなもので、自分では見えない部分を映し出していることもあるのです。「自分は絶対悪くない」とか、「自分の言っていることは、絶対正しい」とか、いくら言っても相手には通じません。相手の言い分に、腹を立てて感情的になるのではなく、まずはそれを受け止めて、冷静に状況判断すべきなのです。相手は、この人が怒ることを予測して、それを楽しんでいるとさえ思えます。この人は、相手の策略に乗せられているのです。

私は、この人に、「謙虚に、また、感謝の気持ちをもって、生活されるほうがいい」と、忠告した人の言われた意味が理解できました。感謝不足、利他の行い不足を指摘されていたのです。感謝のある人からは、不平不満や愚痴は聞かれません。また、感謝の多い人には、困っていれば助けてあげようと思う人も自然と現れます。それが無いのは、すなわち、感謝が足らないということです。もし、この人が利他の行いをされていたなら、因果応報の理から言っても、相手の対応や結果は変わっていたように思えます。

〔ひとりごと〕

「金持ち喧嘩せず」とは、お金持ちは自らを危険にさらさないという意味ですが、お金が十分にある人は、心も豊か、器も大きくあって欲しいものです。

「類は友を呼ぶ」も、「相手は鏡」に通じます。自分可愛い心が強いと、客観視ができません。だから、「人の振り見て、我が振り直せ」、なのです。

本人は気がついていないのでしょうが、愚痴の多い人には、近寄りがたいオーラが出ています。同じ出すなら、人を惹き付けるオーラを出して欲しいものです。そのためには、何が必要か、もうおわかりですね？

4　謙虚さと徳のある人

Tさんは、会社の経営者です。扱われている商品のシェアは、業界ナンバーワンですから、知る人ぞ知る方です。本業が順調で資金も潤沢です。収益不動産に興味を持たれていたので、知り合いの方に誘われ、私の講演に来られたのをきっかけにお付き合いが始まりました。Tさんのすごいところは、いつも人を丁重に遇され、人の話には素直に聞く耳をお持ちなところです。すなわち、謙虚なのです。事業の成功が、ここにも表れていると思います。

時々、Tさんから「収益不動産を購入しようかどうか、検討しているから見て欲しい」と言われることがあります。迷いがない時は、相談することもなく購入されているのですが、銀行や不動産業者からの勧めで、いい物件があると聞いても、少しでも迷いがあるときや、不動産の価値が定かでないときなどは、意見を求められます。これまで、私が相談を受けた10数物件のうち、私が自信を持って、「これはいいから買ってください」と言ったのは1件だけでした。その物件は購入されましたが、他の物件は全て見送りにされました。せっかく頂かれた物件情報ですし、何も私の考え方や見方だけが正しいわけではありませんから、違う判断をされても構わないのです。買う気満々で、念のために、と思われて相談された物件もあります。でも、私の辛口、もしくは激辛コメントを素直に聞かれています。

Tさんのビジネスセンスの良さは、他の行動を見ていてもわかります。ビジネスでは、本業以外のフランチャイズビジネスを幾つかされています。私の知る限り、全て成功されています。時に、流行(はや)りすたりの激しい分野のビジネスでは、利益が上がった時点で、迷わず撤退を決断されています。その潔さは一流です。また、貴重品のコレクターでもあります。私の知らない世界の貴重品を長年集められています。その分野は多岐に渡ります。どこにそんな知識を得る時間があるのか、と思うほどに本業は忙しいのですが、情報を集められています。おそらく、ビジネスにしろ、貴重品収集にしろ、それぞれの専門分野の人と、うまくお付き合いをされて情報を得られているのだと思います。人徳があるから情報を得られるのであって、誰でも得られる情報ではありません。私も時折、商品情報を教えて頂きます。その情報の整理の仕方も整然としていて、私にはとても真似できません。情報の価値を十分認識されているのです。ですから、大事にされます。その結果として、また新たな情報がやって来るのです。成功のための連鎖の作り方を熟知されています。

人に対する気の遣い方も、普通の人とは違います。ここまでしますかと、思うこともしばしばあります。言葉だけでなく、気持ちを行動に現わされるのです。これは利他の行いです。自分の親だけでなく、奥様の親も大事にされていることがわかりますし、お子さんが小学生の時は、ＰＴＡ会長にも推薦されて引き受けられていました。

私の話にも、どんなに忙しくても付き合ってくださいます。この姿勢が、信頼を生むのです。何をされても、うまく事を運ばれているように見受けられます。ここまで成功している人は、私の周りでも少数です。この人はかなり高い徳の持ち主です。こういう人に、たまに出会うことがあります。何をやってもうまくいくタイプです。決してそれは、本人が努力をせずとも、と言うことではありません。努力は人一倍されることは前提として、先祖の徳ももらって繁栄するケースがあるのです。こういう人は、努力が実りやすいのです。

いくら努力をしても、実らないことも世の中にはあります。実る、実らないの境目は何か、と言いますと、私は、この徳の力だと思っています。Tさんにお尋ねしましたら、ご先祖に、ある宗派のお寺の僧侶であった人がいて、その子孫の一人が今も跡を継いでいるとのことでした。跡継ぎとなったお坊さんから、感謝の心や利他についての話を聞くと言われていました。おそらく、このご先祖の徳を貰われていると、私なりの疑問に合点がいきました。先祖の徳を貰っても、使うだけでは自分の子孫の繁栄は確かなものとはなりません。自らも徳を作る行為、すなわち、利他の行いをしていかないと、自分の子孫に徳を残すことができないのです。それを知ってか、知らずしてか存じませんが、Tさんのされる行動に、感謝をしている人は多いのではないかと思っています。

「人の意見に耳を傾けられないようでは、成功はない」と、私は思っています。なぜなら、それは知識の吸収力にも関係します。中途半端な知識では成果も、ほどほどになってしまいます。ビジネスの分野で一番になりたいと思うなら、人が感動するくらいの知識が欲しいものです。そうでないと、第一人者にはなれません。人生の成功者になりたければ、成功者に学ぶ姿勢が必要なのです。苦手であっても、重荷に思うことでも、真似て欲しいところは、成功者の利他の心の部分です。自分を利することばかり考えている人に、成功者はいません。成功したくとも成功できない人は、自分の行動をよく省みることです。成功を妨げているのは、自分自身であると気づくことが成功者になるための第一歩です。

〈ひとりごと〉

徳の高い人は「徳力」に守られています。例えれば、目には見えないスーパーマンに守られている状態です。だから何をやってもうまくいくのです。先程も言いましたように、地道に徳を積んでいくことが、幸せに繋がるのです。「倦まず、弛まず、怠らず」です。

そんなスーパーマンに守ってもらえるような状況を作り上げることが、徳積み（利他の行い）をすることだと、私は解釈しています。

第四章

改心

1　目標は器の大きな人

事業をしている方や会社員の方から相談を受け、その悩み等を聞いていますと、心の持ち方（立替）次第で、チャンスになると思ったことが少なからずあります。もちろん、全てを心の持ち方だけで、解決できるわけでもありません。心の持ち方で解決できると思えるケースは、悩みの原因の大きな要素が、それを悩んでいる人の「心の問題」と思えるときです。まずは現状を受け入れ、気持ちを整理し、自らを省みる姿勢が出てきたら、立ち直るのも遠い先ではないと感じます。謙虚になることで、解決の糸口が見えてきます。

私が相談を受けた際に、問題解決の手法としてアドバイスで心掛ける点は、心の立替、利他の行い、そして、自らの器を大きくすること、です。この器とは、度量や包容力のことです。器が大きい人の特徴を揚げますと、①感情に流されず冷静、②自分のミスは受け止め、他人のミスを許す、③細かいことは気にしない、④謙虚で利他の精神がある、⑤発想は常に前向き、などになります。

器を大きくしたいなら、人の成功を決して羨ましく思ったり、妬んではいけません。そのように思う心は、悪因を作ることになります。むしろ、そのことを素直に、喜んであげる人間になりましょう。それは、善因を作ることになります。また、自分が成功しても羨ましく思われないように、妬まれないように、行動することも大事なことなのです。羨むほうが悪い、妬むほうが悪いというのは簡単です。そのとおりです。でも、器の大きい人は、そうは考えないのです。人から羨ましく思われるような行動をしていないか、妬まれるような行動をしていないかと、自らを省みて、そういう点があれば、直していこうと心掛けるのが、器の大きい人のあり方です。器の大きい人の思考や行動は、格好いいものです。

反対に、器の小さい人の特徴は、①人に自慢話をしたがる、②人から褒められることを期待する、③自己顕示欲が強い、④他人には良く思われたいと思う、⑤自分を飾り、嘘を言うなどです。仕事においても勉強においても、器の小さい人ほど、知らないことやできないことを隠そうとします。年齢を重ねますと、「知らない」と言えない時もあります。知らないことを、恥ずかしいと思っているからです。「できない」ことを、人に知られたくないと思うから、できない自分を認めることができないわけです。それはプライドが邪魔をするからです。また、目上の人（上司や先生）に良く思われたい、認めてもらいたいという承認欲求の強い人は、認めてもらえないと自分が苦しくなります。これもプライドが邪魔をしています。「自分はできる人間なのに、なぜ周りはそれを認めないのか?」と、自分で自分を苦しめるのです。これでは幸せになれません。だから、プライドは捨てたほうがいいのです。認められようが認められまいが関係なく、「良いことだからする」とか、「人が喜ぶことだからする」と、単純に考えることです。「褒め言葉」を最初から期待しなければ、落胆もなければ、辛さもありません。すなわち、人の評価に左右されない生き方をすることで、悩みから解放されるのです。

プライドとは、自尊心のことですが、自尊には二つの意味があります。一つは、自分を大切にし、品位を傷つけないこと。もう一つは、自分が優れていると思うこと、あるいは、自惚(うぬぼ)れです。「プライドを捨てる」とは、この後者の「自惚れを捨てる」ということです。自惚れている人は、自分を客観視できていません。ありのままの自分を受け入れ、自分で自分を高く評価しないことが肝要なのです。器の大きい人となるためには、これは必須条件です。

例えば、道路上で、あなたが財布を広げたとき、手が滑ってお金が散乱してしまったとします。それを見ていた周囲の人たちが、お金を拾い始めました。その行為を見て、「お金を拾って頂き、ありがとうございます」と言うのか、「人のお金を盗る気か」と怒鳴るのか、あなたは前者、後者のどちらですか？　お金を拾うという行為自体を、善意の行為ととる（前者）か、悪意の行為ととる（後者）かで、その後の心の模様が変わってきます。前者の場合は心が温まります。後者の場合は心が乱れます。後者（器が小）の人に、理不尽なことが多く起こると思えます。それは、理不尽な思いをする原因を自らが作っているからです。

　この場合、人を疑い、自分の不注意を棚に上げてしまう行為が原因です。自分の判断は、いつも正しいと思うこと自体が傲慢（ごうまん）です。盗んでいると疑われた人は、堪（たま）ったものではありません。疑うこと自体が、非常に失礼な行為です。そのことに気が回っていません。もし、後者の人が反対に疑われる立場なら、烈火のごとく怒るでしょう。人に対して平気で疑いを口にする人は、上から目線である人が多いと思います。自分の至らなさに気づいていないからです。気づかないまま、人に迷惑をかけているのです。知らず知らずのうちに、悪因の種を蒔くとは、こういうことです。ですから、何度も理不尽なことは、本人が自ら気づくまで起こり得ます。

　理不尽な場面に遭遇したとき、謙虚さがありますと、過去に、自分も人に理不尽なことをしたことはないかと、省みることができます。実際には、思い出すことは難しいかもしれません。でも、そう思ってみることが大事なのです。もし、そうしていたなら、その理不尽を素直に受け入れることです。「理不尽なことを自分はするけど、人からはされたくない」では、人から相手にされなくなります。省みることで、一呼吸置けます。それは、冷静になる時間でもあります。省みる姿勢がないと、原因を自分に求めるのではなく、他人に求めますから、ときに問題を拗(こじ)らせ、解決に時間が掛かるなど、解決を難しくします。その行為が、また新たな悪因となります。反省がないと、悪循環を作ってしまうのです。

心当たりのある人は、周りの人に、一度「私が理不尽なことをしていると思ったことはありませんか？」と、尋ねてみることです。正直に答えてくれるか、それはわかりません。なぜなら、正直に言って怒られるのが怖いからです。尋ねるなら、二人以上の人を前にして、「絶対に怒りませんから、私が気づいていないことを教えてください」と言って、頭を下げることです。そうすれば言いやすくなります。教えてもらったことに、反発は禁物です。素直に受け入れないといけません。受け入れることができたなら、一歩前進です。

〈ひとりごと〉

私も利他を意識するまで、プライド（自尊心）があるから頑張れる、と思っていました。知らず知らず、その自尊心は自惚れにも通じていたのです。プライドの定義が、人によって違ったり、意味を取り違えていては話が通じないので、ここで定義づけをしました。

「人に頭を下げることなど、プライドが許さない」と言う人もいます。あなたは、そんなプライドを必要だと思いますか？

私は、「バカです」と言える人と、そう言えない人では、どちらに好感を持てますか？

では、あなたはそう言える人ですか？　少し考えてみてください。

2　気持ちの余裕

気持ちの余裕という面から言いますと、人間関係においても、社会で生きていくうえでも、それがあるかないかで人生が大きく変わります。私は、特別にアドバイスしたくなる人がいます。それは、若くて真面目で責任感の強い人です。経験不足から来るものと思われますが、問題が発生すると、その対処の仕方に気持ちの余裕の無さを感じるからです。

真面目で責任感の強い人は、信頼に値する人というイメージがあります。上司と部下の関係で言うなら、そういう部下は上司も重宝します。上司は部下の能力だけでなく、性格も考慮して仕事を振り分けます。真面目にコツコツ仕事をこなす部下には、辛抱強さのいる仕事を与えるでしょう。その部下は、意識する、しないにかかわらず、成果が上がるまで必死に仕事に向き合います。その時、上司が成果を出す期限を区切れば、その期限内に徹夜をしてでも成果を出そうと頑張ります。しかし、これを繰り返しますと、体がもたなくなります。常に成果という目標に追われ、それを達成することが自分の使命と、自らを追い込むからです。それが悪いことと、全てを否定はしません。でも、上司にその性格を利用されて、潰れる人もいます。そこまでしなくていいのです。体調管理は、自ら行うものです。そのバランスコントロールに、気持ちの余裕が必要なのです。気持ちの余裕を持つには、過度な期待に応えようと思わないで、「やるべきことをやる」という姿勢で仕事をすることです。あまり、無理をし過ぎないことです。

こういうタイプの人がうまく生きていくには、どうすればいいかと言いますと、人生において、10戦10勝の人はいないということを、まず心に置くことです。プロ野球でも、勝率6割台で優勝できます。仮に5勝5敗で会社の収支がトントンとしますと、6勝4敗なら利益が出てまずまずです。7勝3敗ならかなりいい業績となり、8勝2敗なら超業績のいい会社となります。そこには全勝という発想はありません。仕事において全勝はないと肯定することから、自分の役割を考えればいいのです。すなわち、メリハリをつけて6勝4敗、あるいは7勝3敗の発想で、勝負をすればいいということです。中には絶対に負けられない仕事もあります。その時は、そのつもりでやらないといけません。ですが、それを常に続けることには無理が生じます。どこかで息抜きをしないと詰まってしまって、体や精神を患うことにもなりかねません。そうなる前に、そうならない生き方を学んで欲しいのです。

真面目で責任感の強い人は、手を抜くということをしません。手抜きすることを知っている人に、この話を勧めているわけではありません。6勝4敗で納得できないなら、7勝3敗を目標に勝負をしてください。この発想は何事も7割の力で仕事をする、ということではありません。やるときは10割の力を出す必要があります。でも、結果として7勝でい い、ということです。人生において、負けを認めることの大切さを言っているのです。負けは汚点、という考えは誤りです。完璧な人間はいませんから、結果において完璧（10勝）を求める必要はありません。勘違いされないように言いますが、何かに打ち込む姿勢としては、完璧を目指すべきです。そこを否定しているのではありません。ときに自分を追い込み、10割以上の力を振り絞ってやったと思えるぐらいにやって、その先は天に任せるくらいの気持ちになれたら、自らの実力を出し切ったことになります。それでも、成果が出なければ、一旦はその結果を受け入れるということです。悪い結果でも事実をそのまま受け入れることで、気持ちの余裕が徐々に身に付いてくるのです。受け入れられない人に、苦しみは訪れるからです。

失敗は悪と教えられてきた人には、失敗したことによって、とんでもないことをしてしまったという強迫観念に陥ります。極度の自己嫌悪に陥るのです。それも時にあっていいでしょう。しかし、それを引きずらないことです。そこで発想の転換（心の立替）のできる人が、その失敗を糧にして、再び努力を重ねることで成功に繋がるのです。発想の転換は、心の余裕が無いとできません。その失敗を引きずって、「自分の人生は終わりだ」というような考えに支配されると、何をするにも力が湧いてくることは無くなります。それではあまりにも勿体無い人生です。ここで、気持ちの余裕が問われるのです。気持ちの余裕とは、発想の転換がいつでも可能であること、正しい状況判断ができること、また、客観的に見る目を持っていることです。「こうでないといけない」という考え方に縛られますと、視野が狭くなり発想も貧弱になりがちです。気持ちに余裕があれば発想に柔軟性が生まれ、ピンチをチャンスにできることもあるのです。

負けを認めるには、勇気が要ります。これは自分を過信しないということです。世の中には自分よりも優れている人がいることを、素直に認めるほうが人生をコントロールしやすいのです。自分はこの分野が弱いと思えば、負けてもいいのです。自分の強い分野で勝負すればいいからです。自分の弱さを認められれば、弱さを見せることで相手が油断し、勝てるということあります。実力が拮抗し、どちらに勝ちが転んでもおかしくない場合、「勝負は時の運」と言われます。実力もないのに、時の運はありません。運の神様は、勝ちを得るに値する方に味方します。負ければ相手の努力が勝っていた、ということです。それを認める気持ちの余裕は必要です。

世の中には、例外的にそうとも言い切れない部分もあります。例えば、特定の得意先に納品することになっている製品競争で自社製品のほうが、コスト的にも性能的にも勝っているのに、他社に負けるということがあるかもしれません。しかし、それは時期が来れば、誰が考えても「こちらのほうがいい」と言うことになっていくものです。なぜなら、間違った決断には、何らかの別の理由が働いているからです。そこには賄賂であったり、正当な競争を阻害する何かがあります。しかし、それは長続きしません。いずれ歪(ひず)みが生じて、収まるべきところに収まるというのが世の常ですから、そんなときは冷静に分析し、対処することが肝要です。

人生を勝ち負けだけで判断することは、止めたほうがいいです。それを続けると、常に自分を追い込むことになりかねません。人生には、山もあれば谷もあります。それを楽しむくらいの余裕を持つことが、人生を豊かにしてくれます。精一杯やって負けたのなら、相手を称(たた)えるくらいの、気持ちの余裕を持ちたいものです。不思議なことに、そういう人にチャンスはまた巡ってくるのです。反対に、相手が不正をしたのなら、「こちらも不正をしてでも競争に勝つ」という発想は大きな過ちです。それでは、自らを相手と同じレベルに落とすことになります。因果応報ですから、不正をした者は、どこかでその不正の代償を払うことになります。不正を受け入れたのが得意先なら、得意先と思っていたことが誤りで、「得意先のライバル企業を得意先にすればいい」という発想が欲しいのです。視点を変えれば、別の道が見えて先が明るくなります。気持ちに余裕を持つから、正しく判断できるのです。それが、最終的に良い結果を生むことになります。

〔ひとりごと〕

私は中学生の頃から、真面目で責任感が強い、とよく言われました。そう言われるのは、何か型に嵌(はま)っているとか、あるいは、小粒な人間と揶揄(やゆ)されているような感じがして、実はあまり心地良く感じていませんでした。

その反動なのか、社会人になって、チャレンジを好んでするようになりました。それでも、意識はしていないのですが、中途半端は嫌で、完璧を求めるタイプでした。特にアドバイスしたくなる人とは、若い頃の自分に似た人なのです。だから、応援したくなるのです。

3　不幸になりやすい人

自分に不幸なことが起きた場合、それを不運と思うこともあるでしょう。でも、それを悲観的に捉えるかチャンスと捉えるかで、後の人生が大きく変わります。自分のことを、不幸な人間と思っていては幸運に恵まれることはありません。また、不幸なことを、悲観的に思い悩んでも解決することはありません。もちろん、不平不満を言っても解決しません。ですから、そんなことに時間を費やすのではなく、それは横に置いて、人の為になることをしたり、家の中を思い切り整理整頓したり、何か周りの人が喜び、笑顔になるような行動をすることです。一度だけで終わらず、継続することで徐々に運気が変わってきます。

不幸を不幸と思わなくするには、意識改革をすることです。その起きた事象に対して、これは何かを自分に気づけという、シグナルではないかと考えてみてください。そうすると、その不幸との向き合い方が、これまでとは変わるはずです。それが、気持ちに余裕を与えてくれます。気持ちに余裕ができれば、同じ不幸な現象でも、全く違ったものに感じられるはずです。

小学生の頃の悩み事を、思い出してみるとわかります。今から考えると、悩みにもならないことを悩んでいた、と思いませんか？　その時の悩みなら、今ならすぐに解決できるのではありませんか？　そう感じられるのは、すなわち、小学生の時には気持ちに余裕が無かったからです。気持ちに余裕が無いと、他の人が悩まないことも悩みと捉えてしまうのです。悩みが多くて不幸と思っている人は、一生悩みから抜け切れません。悩みを自ら作っているからなのです。それを変えるには、これまでの考え方と行動を変えることです。人のアドバイスを受け付けない人や、自分を変えたほうがいいと思っても、思うだけで行動に移さない人は、はっきり言いますと頑固（がんこ）なのです。年齢を重ねてからも頑固な人は、勝手にすればと相手にされなくなり、孤独で寂しい思いをすることになってしまいます。

幸福と不幸の基準は、人によって異なります。例えば、他人から見ると、「あの人は貧乏だから不幸」と思えても、当の本人は全くお金には執着がなく、生きていけること、生活できていることに満足しているとするなら、この人は不幸でなく幸せなのです。すなわち、不幸かどうかは、自分で決めることで、自分の意識がそう思わせるのです。欲は多い人より、少ない人のほうが幸福になりやすいものです。ブータン王国では、国民所得は世界的に見ても低いのですが、国民の幸福度は高いという調査がありました。これはお金では量れない、幸せ感や満足度があるという、良い例です。

「ありがたい」という言葉を多く発し、常にそういう思いで暮らしているなら、その人は幸せなのです。人と比較ばかりして物事を考える人には、幸せはなかなか巡って来ません。前向きに、ひた向きに精一杯の努力を、仕事に、家事に、子育てにと、打ち込む中で喜びを感じ、生きていることに感謝を持つことができれば、幸せも感じられます。決して、悲観的なことばかり考えてはいけません。それは、人生を無駄にする行為です。どうしてよいかわからない人は、利他の行いをしてみてください。それと共に、解決できない問題は無いと思って前向きに生きていれば、事態を好転させるチャンスに恵まれるはずです。なぜなら、それが、因果応報だからです。良い種を蒔いた人には、早いか遅いか時期は別にして、必ず良い結果が現れます。ここを否定してしまいますと、良くなるのも偶然という見方になります。人は都合よく、これは必然、これは偶然、これはラッキー、これはアンラッキーと、自分の都合に合わせて考えますが、全ては必然と考えれば、頭も心も整理しやすくなります。

仕事で、失敗の積み重ねの上に、新たな発見や新製品の開発に成功した、という話をよく耳にします。その努力は常に前向きで悲観的な見方はありません。必ずできる、必ず成功すると、信じてやっているのです。そこには、「これをすれば、これだけ儲かる」と、利益先行の思いはなく、これを開発すれば喜ぶ人が増えるとか、この発明が世の中を便利にするとか、何らかの利他の精神があるはずです。だから成功するのです。利益は後から付いてくるものです。

不幸になりやすい人の性格、考え方、行動、状況には共通点があるような気がします。

それを列記しますと、短気、頑固、嘘をつく、怒りっぽい、喧嘩をする、災いが多い、素直でない、虚勢を張る、器が小さい、感謝がない、愚痴っぽい、信頼されない、孤独感がある、笑顔が少ない、自慢話が多い、集中力がない、継続性がない、よく批判する、友達が少ない、謙虚さがない、礼儀を知らない、不平不満が多い、承認要求が強い、自己顕示欲が強い、人の意見を聞かない、表裏の二面性が強い、人を不愉快にさせる、お金への執着心が強い、人の悪口を平気で言う、自分可愛い気持ちが強い、自分が悪いとは決して認めない、都合の悪いことは人のせいにする、他人を責めるのに責められることに弱い、などです。半分以上は、利他の行いで解決します。まだまだ他にもありますが、少なくとも、この中の5項目に該当すると自覚しているか、あるいは、自覚せずとも、人に言われたことのある人は、自分を変えることに挑戦しませんか？

「叱られているうちが花」と、よく言われますが、本当にそのとおりです。叱る側は、叱っても無駄と思えば叱りません。好きなようにすればと、関わりを拒否します。そうなってからでは、誰も手助けしてくれなくなり、落ちるところまで落ちるしかなくなります。なぜなら、そういう人が相手をしてもらえるのは、同類の人になるからです。そうなると、何をしてもうまくいくことはありません。哀れな一生を過ごすことになります。それも自業自得ですが、そうならないようにするためには、忠告や耳の痛い言葉こそ素直に受け入れ、自らを省みる姿勢を持つことが重要です。人に見放されてからでは遅いのです。

自分を変えるには、真剣に変えようと思わなければ、変われません。変わることへの強い意志の継続が必要になります。それがあれば、必ず変われます。また、利他の行いをすればいいのです。何か良いことが起きるまで、継続するのです。徐々にその効果は現れてきます。現れる前に止めてしまっては、元も子もありません。「やってやる」と言う人は、すぐの結果を求めて、なかなか出ない結果にイライラして止めてしまいます。「利他の行いをしても何も変わらなかった。騙された」などと言います。利他の行いを、「やってやる」ではなく、「自分のようなものでもお役に立つなら、やらせて頂きます」という謙虚な気持ちが無いと、その行為の温かさは伝わりません。そういう気持ちで、継続して取り組むことが大事なのです。利他の行い自体は、それほど難しいことではありません。でも、これを謙虚に継続的に行うことは、難しく感じられると思います。なぜなら、時に自分が損をする気持ちになり、する側よりも、される側に居たいと思うからです。常に行う側と、徹することに抵抗感が生じます。でも、人生を変えたいと真剣に思うなら、その気持ちに打ち勝つしかありません。損することが「徳（とく）」になるのです。そこを理解して、謙虚に利他に徹することです。

〔ひとりごと〕

私も、以前は、先に挙げた「不幸になりやすい人」の性格に、5項目以上該当していました。利他の行いをしていきましたので、知らず知らずのうちに、何事に限らず好転していったのです。本当に気づけて良かったです。

私が気づいたのは40歳を越してからです。もっと若い時に気づけていたら、私の人生もそれだけ早く、良くなっていただろうと思います。そんな思いを持ったものですから、特に、若い人に、本気で利他の行いをして欲しいのです。やる気のある人には、私が直接アドバイスしたいと思うぐらいです。

4　転機は感謝で行動

固定観念は、自分の我に通じます。我を張りすぎると失敗に繋がります。例えば、異なる会社に勤務する、38歳の会社員ＢさんとＣさんがいて、現在Ｂさんは年収７５０万円、Ｃさんは年収１、０００万円とします。７５０万円の年収のＢさんは、会社の業績に貢献したからと、年収が８５０万円になりました。Ｂさんは幸せな気分になるでしょう。一方、年収１、０００万円のＣさんは会社の業績が悪いからと、自分は与えられた目標を達成しているのに年収９００万円になったので、不平不満を言い散らしたとします。二人の年収は、まだＣさんのほうが上ですが、それを受け取っている感謝の気持ちは全く違います。

他人から見ると、38歳で９００万円の年収ならいい方じゃないかと、Ｃさんには同情しないかもしれません。これまでが高かった、貰い過ぎではなかったのか、という声が聞こえてもおかしくはありません。そんな声があることに構わず、Ｃさんは嘆いているとすれば、自分の価値観に自らを嵌(は)めての不平不満という見方ができます。固定観念からの解放がこの時の処方箋(しょほうせん)なのですが、年収の高さが自分の価値のように思ってきたＣさんは、心の立替がスムーズにはいきません。もし、このことが原因で転職するなら、労働市場での自分の価値を客観的に見て、決める必要があります。本当に自分の価値が高いのなら、転職や独立も一法です。ただし、それにしても、一旦は受け止めて、冷静な状態での判断が必要です。

先とは反対に、会社の業績が良いからと、自分は与えられた目標を達成していないにもかかわらず、年収が１００万円上がった時に、それを返上しないのであれば、不平不満は言うべきではありません。一時の怒りに任せて転職や退職をするようでは、おそらく失敗します。なぜなら、心の立替ができておらず、感謝が無いからです。転職先でも、また同じようなことが起こると思えます。

転職等を転機として掴むには、「感謝」がキーワードになります。それ無くして起こした行動は、不平不満の捌け口からの行動ですから、うまくいく可能性は低くなるのです。人は不平不満を言う人より、いつも感謝の言葉を発する人に惹かれます。うまく難題をこなす人を見ていますと、そういう人から不平不満は聞こえてきません。常に前向きで、その問題に真正面から向き合っています。その姿勢に共感して、周りは協力するという構図が見えます。だから、うまくいくのです。不平不満の多い人は、器が小さいのです。そこを自ら認めて、器を大きくすることを学ぶべきです。

器を大きくするためには、耳の痛い言葉も一旦は受け止めて、人の言うことをすぐさま否定せず、「そういう面もあるかもしれないな」と、相手の言葉を飲み込むことです。笑って受け入れられるまで、人生の修行と思って努力することです。瞬間湯沸かし器と、人から揶揄（やゆ）されるような短気な人は、器が小さいということです。「短気は損気」と言われます。それを自覚して短気にならないように、またすぐ怒らないようにすることが、より良い人生を形成するための修行なのです。それができない人は、小さな器のままの一生ですから、成功するにしても、大きな成功は望めないと思います。なぜなら、短気な人に人望は集まりません。人望の無い人に、周りは協力をしないからです。器の大きな人にこそ、人望は集まります。器を大きくすることが、成功に繋がるということです。

〔ひとりごと〕

不平不満を抱えている人からは、マイナスオーラが出ています。感謝で笑顔の人からは、プラスオーラが出ています。同じ出すなら、プラスのオーラがいいですよね。プラスのオーラが人を惹（ひ）き付けます。それはまるで、蜜蜂が求める蜜のようです。

学生時代の人気者は、どういう人であったか、思い出せばわかります。社会において、成功者とはどういう人であるかと、意識して観察していると、見えてくると思いますよ。大事なことは、表面だけを見ないことです。

5　自分を変えるのが先

あるご婦人の話です。

この方には夫と小学生のお子さんが一人います。ご主人は会社員です。営業の仕事をされていて、得意先の接待ゴルフのためと、日曜日はいつもゴルフです。そんな状況ですから、子供と一緒に遊んでやることもなく、家族サービスをしないご主人に、ご婦人は大きな不満を持っていたのです。ある時、ご主人と大喧嘩になりました。

「日曜日ごとにゴルフに行って、あなたは楽しいでしょうけど、もっと子供の面倒を見てよ。寂しがっているじゃない」

「そんなこと言われても、これも仕事なんだよ。いつもゴルフを楽しんでいるわけじゃないんだ。得意先には気を遣わないといけないし、俺も疲れているんだ。文句を言わないで、こっちの身にも少しぐらいなってくれよ」

「私だって、日曜日ぐらい、ゆっくりしたいの。疲れているのは私の方よ」

「子供が学校に行っている間、お前にはのんびりする時間があるじゃないか、それに一体、誰のおかげで生活できていると思っているんだ。俺が一所懸命働いているからじゃないのか、小言が多過ぎるんだよ」

「よくそんな偉そうなことが言えるわね。家事や育児がどれだけ大変なことか、あなたはしたことがないから、そんなことが言えるのよ。私に不満があるなら、一人で好きなように生きて行けばいいいわ」

「勝手にしろ」と、売り言葉に買い言葉で、二人の口論は止まることを知りません。それからしばらくの間、二人に会話が無くなり、家庭は冷え切った状態です。子供は、不穏な雰囲気を察して、いたたまれない様子です。

それから数週間後、ご婦人は、そのことをSさんに相談されました。自分の思っていることを、全部吐き出しなさいと言われ、涙ながらにご主人の悪口を吐き出されたのです。Sさんは、じっとご婦人の話を聞かれていました。「他にご主人の悪いところはないですか?」と尋ねられ、不平不満を吐き切られて幾分落ち着かれた時に、こうおっしゃったのです。

「お話を聞かせて頂き、お気持ちはよくわかりました。あなたはご主人が、日曜日ごとにゴルフに行くと言われていましたが、その時、快く送り出してあげたことありますか?」

「いいえ、いつも朝が早いですから、自分で朝食をとり、私が朝起きたときには、もういません」

「では、毎朝、会社に出勤されるとき、『行ってらっしゃい』とか、『体に気をつけてね』と、ご主人に笑顔を向けて送り出してあげていますか？」

その言葉を聞き、ご婦人は、「できていません」と素直に答えられました。

Sさんは、「あなたはご主人に不平不満を言っておられます。その不満は、ご主人の態度が改まったら無くなると思っておられるようですが、ご主人に態度を変えてもらう前に、あなたが先にご主人に対する態度を変えてみてはいかがですか？」と言われたのです。

それを聞いてご婦人は、「はっ」と、気づいたことがあったようです。

「あなたが先にご主人に対する態度を変えれば、ご主人も変わってくると思います。自分は変わらずに相手を変えようとするのは難しいでしょうね。まず、あなたが変わることですよ」

「具体的に、どうすればいいでしょうか？」

「そうですね。ご主人の靴を毎朝磨いてあげてください。出勤される時には、必ず玄関まで行って、笑顔で『行ってらっしゃい』と言って見送ってあげてください。それから帰宅されたら、『お疲れ様』と言って笑顔で出迎えてあげてください」と、言われたのです。

それを聞かれたご婦人は、「そんなことできない」と思われました。その気持ちを見透かすかのように、「これは、あなたのためです。あなたは幸せになりたいのでしょう。ご主人に態度を変えてもらいたいのでしょう。だったら、ご主人を幸せな気分にさせてあげることです。それが、あなたが幸せになるコツです。順番は、あなたがまず変わることです。やらずにはわかりませんが、やってみればわかりますよ。あなたはご主人ばかりが悪いように言われていますが、ご主人が病気になったら、毎月の生活費はどうしますか？　今の生活があるのは、ご主人が懸命に働かれているからではないのですか？」と言われ、渋々ではありますが、「やってみます」と、ご婦人は覚悟を決められました。

最初は、「こんな主人のために」、という思いもあったようですが、靴磨きと出勤時の「行ってらっしゃい」の一言だけまずやってみようと、自分に言い聞かて実践されました。その妻の態度にご主人は、「何があったんだ」というような表情をされたようです。1週間ほど靴磨きを続けている時、靴底が擦り減っていることに気づかれました。営業をしているご主人の姿を想像され、「私たちのために頑張ってくれているのだな」と、思われたそうです。それからは、心を込めて靴磨きをされ、ご主人に笑顔を向けられるようになりました。言葉に刺々（とげとげ）しさが無くなって、優しく話されるようになったのです。それを続けられるうち、不愛想であったご主人にも変化が現れました。「行ってらっしゃい」と言われても、「あー」という返事であったのが、「行ってきます」と言われるようになり、時に、「今日は早く帰ってくるから」とか、「次の日曜日は、ゴルフに行かないで家にいるから」と、ご主人も変ってきたのです。それまでは、「早く帰ってくるから」というような言葉を、聞いたことが無かったそうです。

日曜日はゴルフ、であったご主人も、徐々にその回数が減りだし、「ゴルフは毎月1回にするよ。次の日曜日は、久しぶりに家族でドライブでもしよう」と言われたのです。子供はそれを聞いて大喜びです。子供の姿を見たご婦人は、「あなた、これまで不平不満ばかり言ってごめんなさい」と、心から詫びられました。その言葉は自然と出たようです。それを聞いたご主人は、「俺もだ。家族サービスもしなくて悪かったな」と、自分の非を認められたのです。ご主人のその態度を見て、ご婦人は涙を流されました。喜びと懺悔の涙です。ご婦人はこの時、「相手は鏡」と言われた意味を、自身の行動をもって理解されました。自分が主人を追い込んでいたのだ、と気づかれたのです。後日談ですが、ご主人には、不平不満をいつも口にする妻へ反発があったようです。用事が無くても、日曜日は家に居たくない、と思われていたのです。自らの非を認め合ってからは、夫婦の会話も普通にできるようになり、互いが相手を思いやる気持ちも出てきて、家庭の中に笑いがよく出るようになっていきました。

この話の最大のポイントは、「相手を変えるのではなく自分が変わる」ということです。「求めるなら、まず与えよ」ということなのです。人間関係の悩みのほとんどのケースは、相手が悪いと思っていることにあります。一方的に相手が悪いことも、中にはあるかもしれませんが、自分を省みることから始めるのも解決の糸口となります。馬が合わないとか、気が合わないと思っていると、相手もそう思っていることが多いのです。そんな相手と関係を持つ必要がなければ放っておいても構いません。しかし、そうでない場合、人間関係は良いほうが何事もスムーズにいきますし、悪いよりずっと気持ちも楽なはずです。相手を見下すような態度は厳に慎み、たとえ、相手が未熟であっても相手を受け入れるのです。それを態度で示してあげれば、相手も心を開いてくれます。「相手が心を閉ざしているのは、自分の態度が原因ではないか」と、反省することが良い人間関係を形成する秘訣です。

〈ひとりごと〉
「変えたいのは相手、変えたくないのは自分」では、勝手過ぎますよね。自分を変えないのは、変わりたくないからです。変えないほうが楽だからです。でも、本当は、自分を変えるほうが楽で、自分の思う結果も得られるのです。不思議です。

これは、親子間でも同じです。少なくとも中学生以上なら、子供の行動で気になることがあっても、親の権力で変えようと思わないことです。それは反発を招くだけです。子供自身が変わろうと思う方向に、導いてあげるのが正しい指導法です。そのためには、親自身が変わることだと、私は思います。

第五章 事例

この章では、具体的な事例を基に、「利他」の行為について一緒に考えていきたいと思います。利他にも深浅（しんせん）があります。「真の利他とは何か？」をこの章で掴んでください。「質問」と「私の答」、という形式ですが、その答えは、これだけが正しいというものではありません。「著者ならこうする」というのが、「私の答」と理解してください。各事例の登場人物の年齢等によって、中学生の利他、高校生の利他、大学生の利他、社会人の利他、と分けます。読者の皆さんも、自分なら、どのような答えを出すか、利他を前提として考えてみてください。

なお、（参考）から答えを選ぶ場合は、なぜその答えを選んだのか、その理由を考えてください。また、各事例の内容から、その後に起きるであろう展開も想像してみてください。ただし、（参考）の中に答えが無いこともあります。

1　中学生の利他

【例題1】　あなたは男子中学生です。運動クラブの練習が終わって、友達と帰宅途中に、お腹が空いて何か食べたいと思っています。その時、焼き芋を売っている軽トラックを見つけ、焼き芋を買ったとします。友達もお腹を空かせています。でも、その友達はお金の持ち合わせがありません。その時、あなたは分けてあげようと思って、買った焼き芋を割りました。その焼き芋は半分にはならず、6対4の割合になったのです。その時、あなたはどちらを友達にあげますか？　友達との関係によるとか、お腹の空き具合によるとかは関係なく、素直に、この状況下での自分の行動を想像してみてください。

（参考）　①　6の大きい方をあげる。

②　4の小さい方をあげる。

③　その他の考え

私の答　焼き芋の大きさがが、大きくても小さくても、焼き芋をあげることのできる行為そのものが、利他となります。この時、もし、6割の大きい方を友達にあげることのできる人は、より高いレベルの利他になります。利他の行いをしますと、された側に感謝の気持ちが湧きます。大きい方を貰えたら、感謝の気持ちも大きくなります。友達のことを、「こいつは、いい奴だ」と思うことでしょう。受け取る側もそう感じたなら、そのまま受け取ってはいけません。「小さい方でいいよ」と言って、大きい方を返して、小さいほうを受け取ります。そうしますと、あげた方も嬉しくなりますし、「こいつは、いい奴だ」と思うでしょう。互いに、相手のことを思いやっています。こういう関係になれますと、友達関係が長続きし、生涯の友達を作ることにもなるのです。信頼関係というのは、こういった些細なことで育まれ、友情が深化していきます。友達がいない人には、こういう気持ちが無いからです。友達、特に、親友と呼べる友達を作るには、この利他の行いが欠かせません。他を利するという行為を、損をすることと思われる人もいるかもしれませんが、全ての利他の効果は、いずれ自分に返ってくるのです。利他の行いは、自分を利することにもなるのです。時には、一方通行で返ってこないと感じることがあるかもしれません。しかし、長い目で見ますと、因果応報の理により、必ずそれは返ってくることになります。反対に、自分のことを利するだけの行いからは、感動は生まれません。他を利する行為の結果として、自らも利するという理屈を、信じて行うことが幸せになる方法です。このことを、利他の行いを通して、体得して欲しいと思います。

その他の考えの中には、相手に両方差し出して、選んでもらうということもあるでしょう。その場合、そうすることをなぜ選んだかが問われます。もし、そうしたら、相手は小さい方を選ぶと期待してのことなら、それは真の利他にはなりません。そこには計らい(計算)があるからです。計らい無しにする行為の方が美しいでしょう。真の利他は、美しい行為なのです。

【例題2】 野球部に所属している新藤君は、中学3年生のピッチャーです。身体も高校生のように大きく、剛速球を投げるエースです。でも、新藤君は、日曜日の練習や試合には参加していません。日曜日は、家の手伝いをすることになっているからです。新藤君の家はお風呂屋さんで、今でも一部は薪を使って風呂を沸かしていました。日曜日は、お父さんとの約束で、1日5時間薪割をすることになっているのです。そのことを知っているのは、控えのピッチャーの北島君です。新藤君と北島君は、幼馴染なのです。

北島君はリリーフをしたり、日曜日の試合で新藤君が試合に出られない時に、先発を務めていました。新藤君は、自分が先発試合の時、負ける原因は部員のエラーにあると思っていました。エラーがあると、新藤君はイライラしてしまうのです。そのため、ストライクが入らずフォアボールが続き、自滅して試合に負けることが、何度かありました。

そして、今日の練習試合も同じようなことがあり、試合が終わると、新藤君はエラーをした浜野君に、「お前が大事な場面で、エラーをしたから負けたんだ」と責めました。その時、4番でキャプテンの阿川君が、「それは違う。お前のフォアボールの続いたことが原因だ。日曜練習に参加せず、チームメイトを責めるな」と、口喧嘩になりました。

新藤君も、自分が悪いことはわかっているのですが、素直に認めることができないタイプなのです。本当は、日曜日もみんなと一緒に練習したいと思っているのです。しかし、お父さんが腰を痛めて薪割ができないため、日曜日は自分が薪割をやると決めていたのです。

3年生にとっては最後の夏の県大会で、ベスト4まで勝ち進みました。でも、次の試合は日曜日です。これまで、日曜日は北島君が先発ピッチャーとして投げ抜き、勝ってきましたが、次は準決勝ですから北島君は自信がありません。実力は新藤君の方が上だと、自らも認めているので、次の準決勝には新藤君に先発として出てもらいたいと思っています。その気持ちを、キャプテンの阿川君や他のチームメイトにも打ち明けました。キャプテンの阿川君は、北島君に、「お前が投げろ。新藤は日曜日に何をしているか知らないが、どうせ来られないだろう。それにまた、エラーをした部員を責め、自滅することも考えられるからな」と言います。みんなもその意見に賛成です。新藤君の家の状況をわかっている北島君は、なぜ新藤君が日曜練習に参加できないか、そのわけをみんなに話ました。

キャプテンの阿川君は、理由も知らず、新藤君が日曜練習に参加しないことを快く思っていなかったことを反省しました。みんなもそのわけを知り、次の日曜日の準決勝は新藤君に先発してもらうことができないか、意見を出し合いました。最後に、キャプテンの阿川君が決断しました。

　さて、何をどう決断したのでしょうか？　考えてみてください。部員全員の行動の結果、新藤君は日曜日の試合に出て、みんなの期待に応えて力投し、見事、試合に勝って決勝に進むことができました。その時、チームの中に連帯感ができていました。

（参考）①　野球部顧問の先生に、新藤君が先発できるように考えてもらう。
②　新藤君のお父さんと話をして、新藤君が先発できるよう了解をもらう。
③　その他の考え

私の答　阿川君たち野球部メンバー全員で、準決勝の前日に新藤君の家に行き、新藤君のお父さんにキャプテンが代表して、こう言いました。

「お父さん、お願いがあります。明日は県大会の準決勝の試合なのです。ピッチャーとして、エースの新藤君にぜひ試合に出てもらいたいのです。新藤君が、明日、薪割をすることも知っています。どうすれば新藤君が試合に出られるか、みんなで話し合いました。今日、僕たち全員でその薪割をやらせてください。明日の薪割の分と、決勝に進むことができた時のために、その分も併せてみんなで薪割をします。ですから、どうか明日は、新藤君を試合に出させてもらえませんでしょうか?」と。

お父さんは、みんなの提案に感動しています。息子である新藤君が、これほどまでに、チームメイトに信頼されていることを知ったからです。お父さんは、喜んでみんなの提案に同意しました。新藤君も、もちろん部員みんなの気持ちを嬉しく思っています。控えピッチャーの北島君には特に感謝しています。なぜなら、薪割のことを知っているのは、幼馴染の北島君だけとわかっていたので、北島君が、みんなにその話をしたことを察したからです。新藤君の目には、みんなの気持ちに対する感謝の涙が浮かんでいました。翌日は、思い切り投げて勝つという強い気持ちが芽生えていました。

そして、準決勝の試合は圧勝しました。それはある意味、当然の結果なのです。みんなで薪割をしたことは、利他の行いであり、そこでみんなも感じるのです。新藤君が日曜日のたびに、重い斧（おの）を使って、一人黙々と薪割をしている新藤君の姿をです。これを機会に、時々、みんなで新藤君を手伝おうという声が上がります。全員が賛成です。ここに連帯感が芽生えます。困っているチームメイトがいたら、助け合うことが当たり前という意識が醸成され、部員の結束力を高めることになったのです。野球はチームプレーですから、たとえエラーをしても、互いに助け合う精神が準決勝の前にでき上がっていたのです。だから、試合にも勝てたということです。

私の答は以上ですが、利他を取り入れた、その他の答があっても構いません。利他とチームの団結力を高める提案であれば、言うことはありません。

2　高校生の利他

【例題3】　あなたは高校3年の女子生徒です。部活動で陸上部に所属しています。近々、各高校1グループ選出の400mリレーの大会があります。あなたの高校は、この大会では1位候補です。そのメンバーに、あなたが選抜されるかどうかは、同じクラブの友人の坂下さんと、明日、100m走の競争をして、そのタイムで決定することになりました。実力は、拮抗しています。あなたも坂下さんも、これが高校3年間の最後の大会、すなわち、引退試合になります。

そんな時、坂下さんと一緒に練習している際中、あなたとの接触事故で、坂下さんは足首を捻挫（ねんざ）してしまいました。そのこともあって、結果的に、あなたがリレーメンバーに選出されました。出場機会を得るためには、「運も実力のうち」と言えます。でも、あなたとの接触事故で、坂下さんは捻挫をしたのです。怪我をした坂下さんの気持ちを考えて、どのように、この大会に臨むかを答えてください。結果、あなたは大会に出場し、そして1位になりました。

（参考）
①　捻挫は偶発的事故なので、坂下さんをそっとしておいてあげ、坂下さんの分まで自分が頑張る。
②　坂下さんの無念な思いを考え、坂下さんがどうすれば喜ぶかを考える。
③　その他の考え

私の答　あなたは、ユニフォームや鉢巻きに、坂下さんの名前を書き込みます。それを、他のリレーメンバーにもお願いします。これは坂下さんと一緒に、高校の名誉のために走るという気持ちの表現です。そして1位になりました。1位になれば、トロフィーや表彰状が頂けます。それは学校に飾られるでしょう。大会で1位になったことは、学校の名誉でもありますし、そのことは全校生の前で表彰されました。その時、あなたは表彰された場で、全校生に向かって次のように語るのです。

「1位になれたのも、今回のリレーメンバーではありませんが、互いに切磋琢磨してきた、坂下さんの存在があったからです。坂下さんは不幸にして、練習中、私との接触事故で足首を捻挫し、この大会に出場できませんでした。もしかしたら、私の代わりに坂下さんが出場していたかもしれません。だから、リレーメンバー全員が、鉢巻きやユニフォームに坂下さんの名前を書き込みました。1位は、坂下さんと一緒に走る気持ちが芽生え、みんなの気持ちが一つになれた結果です」と。

それを聞けば、坂下さんが感動するだけでなく、全校生徒も感動すると思います。坂下さんを思う利他の行いが、感動を生むということです。

皆さんは、どうお考えになりますか？　坂下さんは意気消沈しているので、そっとしておく、という考えもあるかもしれません。あなたが坂下さんなら、どうして欲しいかを考えて答えを出すのも一方法です。

【例題4】 高校2年の同じクラスの津村君は、陽気でスポーツ万能なので、クラスの人気者です。一方、浜西君は、無口なため陰気と思われているところがあります。あなたを含めた6人が、トイレ掃除の当番になりました。津村君はモップを手に遊び、真面目に清掃をしている浜西君をからかっています。浜西君は、いつも津村君に弄(いじ)られているのです。他のみんなは、津村君の言動を注視しています。

その時ちょうど、先生が見回りに来ました。掃除をきちんとしているか、見に来たのです。津村君はモップを持って、この時だけはしっかり床を磨いています。みんなは、先生の巡回が一度きりなのを知っていますから、それが終わった途端、津村君は、「後は浜西に任せてクラブ活動に行こう」と言いました。皆もそれに同調しています。あなたは、浜西君とは親しい関係ではありません。津村君とは同じクラブの仲間です。この時、あなたはどう行動しますか?

あなたは、津村君の行動は間違っているとは思うのですが、津村君に同調したほうが人間関係もうまくいくと思っています。でも、それは違う、と心の中では思っているのです。掃除は、誰もがすることになっている学校のルールです。それがわかっていますから、掃除をさぼることに抵抗感があります。あなたは、ここを去らずに掃除を継続することで、仲間外れにならないかと、心配なところもあります。

（参考）①　津村君との人間関係を優先し、トイレ掃除は浜西君に任せる。
②　津村君との人間関係よりも、トイレ掃除を優先する。
③　その他の考え

私の答　人間関係を考える前に、トイレのことを考えますと、トイレは汚いよりきれいなほうがずっと気持ちがいいものです。日に何度か、誰もがトイレを利用します。利他を考えますと、トイレをきれいにすることは、みんなの気持ちを良くさせることですから、掃除はきちんとするほうがいいのです。この点は、ぶれてはいけません。学校のルールであるから掃除をすることも正しいことですが、ルールだからやるのではなく、みんなの気持ちを良くするためにトイレをきれいにする。このように考えるのです。

これこそ、利他です。では、どうすればいいかと言いますと、「僕はトイレ掃除をやるよ。トイレの神様に喜んでもらいたいからね。『トイレをきれいにしないと、下(しも)の病気になる』とお母さんからも言われているし、そうなるのが嫌だからトイレ掃除はきちんとする。掃除が終わったらクラブに行くから、先に行ってくれていいよ」と、言えばいいのです。それを聞いた他のメンバーの中には、「俺もおばあちゃんから、そんな話を聞いたことがあるから掃除するよ」という人がいるかもしれません。そうなると、津村君もバツが悪くなって、一緒に掃除をすることになるでしょう。仮に掃除をさぼったとしても、心のどこかに悪いことをしてしまった、という気持ちになるかもしれません。他のメンバーも、同じような気持ちになっていると思います。

利他の行いは、人の心を良い方向に向かわせることでもあります。いろんな要素が絡み合って、正しいこととわかっていても、やらない、という場面もあると思います。それは自己保身から来ている場合が多いです。それはまた、自分の正しい心を曇らせることになります。この例題では、間違っていることを間違っていると、批判することを求めてはいません。「間違っている」と言うと、「いい格好をするな」とか、「いい子ぶるな」と、反論があるかもしれません。こういう場合に納得させるコツは、その話し方にあると思います。笑いが出てくるような、ちょっとした一言で、その場の雰囲気が変わることもあります。ここでは、「トイレの神様」とか、「下の病気にならないように」です。それが心に響き、周りに良い影響を与えることになります。人に感動を与えたり、人の心を温かくするような言動が、利他の本質です。

3　大学生の利他

【例題5】　小池君は、大学4年生で今年卒業を迎えます。同じゼミの立花君とは、同じ学生寮の友人です。立花君は、卒業までにあと1科目、単位を取らないと留年になります。立花君は、就職先も決まっており、必死な思いです。もっと早くに単位を取ろうと思えば取れていたであろうに、立花君は遊びに夢中で、今、お尻に火がついている状態です。小池君は、既に単位を満たしているので、卒業は確実な状態です。

立花君が落とせない科目のテストの前日の夜、小池君は急性胃潰瘍（いかいよう）になり、猛烈な痛みに襲われました。寮生の一人が、脂汗をかいて呻（うめ）いている小池君に気づき、救急車を呼びました。病院に緊急搬送されるとき、「どなたか一緒に、救急車に乗ってくれませんか?」と、救命士の方から声が掛かりました。立花君も、他の寮生と共に、その場にいた一人です。

さて、この状況で、あなたが立花君の立場であればどうしますか?

（参考）　①　小池君とは同じゼミの仲間でもあるから、自分が同乗する。

② 明日のテストのことを考え、同乗はしないが、誰かに同乗するように頼む。

③ その他の考え

私の答　「救急車に同乗します」と誰が言うか、それを答える問題です。同じ寮生であっても、親密度は異なります。立花君と小池君は、同じゼミで友人でもあります。でも、明日は大事なテストの日です。そのテストで、「不可」は絶対取れません。もし、不可となれば、卒業が危ぶまれるからです。それでも小池君のことを思って、病院まで付き添いするかを問うています。自分は行くことができないから、誰か他の寮生に頼んで同乗してもらうことも利他です。快く引き受けてくれる人もいると思います。ですが、ここで「私が同乗します」と言えたなら、レベルの高い利他になります。

あなたの状況は、小池君も知っています。あなたにとって、明日のテストがどれだけ大事なことかをです。その状況下にあっても、自分のために救急車に同乗してくれたと、小池君が知った時、とても感動すると思います。おそらく、小池君はあなたを生涯の友人と思うことになるでしょう。

これに似たケースを私は知っています。寮生活をしていた20代の頃、明日は大事なテストという前日の夜、M君と同室のY君が急病になり、M君はテスト勉強も放ってY君を病院に連れていったのです。二人が寮に戻ってきたのは、翌朝早い時間で、二人が病院に行っていたことは誰も知りませんでした。

そのテストは二人とも受けましたが、体調が万全でなかったことは想像できます。私は、後日、このことを知り、「自分がM君の立場なら、同じことを迷わずできたであろうか？」と、その時考えました。20代の頃の私は、十分な利他の精神を持ち合わせていなかったと思います。自分の大事なものを犠牲にしても、他を思いやる行為の素晴らしさに感じ入り、M君を「なんといい奴か」と思い、M君の行為に胸が熱くなったのを思い出します。M君の器の大きさに脱帽して、M君には絶対勝てないと思ったものです。それ以来、私はM君に尊敬の念を抱いています。テストは、M君にとっても重要でした。できれば良い点を取りたかったであろうと思います。そのテストよりも同室のY君を気遣い、迷うことなく病院に連れて行ったのです。

私は、現在も、この両名と付き合いがあります。Y君は、M君の行為に深く感謝し、30年以上経った今でも、その時のことを忘れていません。二人は、生涯の友となっています。あの時のM君の行動が、二人の友情を育むきっかけとなったのです。人が困っている時、どう行動できるかで人の値打ちが決まると、私はこの時ひしひしと教えられました。このように、利他の行いが生涯に渡って感謝され、友情を深めることにもなるのです。

【例題6】　大学3年生の中村君は、現在、就職活動中です。同じゼミの星田君とは、社会人になっても付き合いをしたい、と思っている友人です。二人とも商社への就職を志望しており、中村君が本命とする会社に二人とも面接を受けに行きました。中村君と星田君は、性格的にも得意とする分野も異なり、そのことを互いが良く理解しています。中村君が面接を受けた時、既に星田君の面接は終わっていました。面接担当者は、質問の中で中村君に、「苦手な分野は何か?」と聞いてきましたので、正直に答えました。その後、「この苦手な分野の仕事でも、あなたは努力して、やりきることができますか? あなたの希望する職種や得意分野は、履歴書に書いてありますからわかっています。あなたはこの会社で、自己実現を目指したいと、履歴書に書いていますが、希望する部署に配属にならないと、自己実現できないのではないですか?」と、聞いてきました。

確かに、自分のやりたい職種に就けないのであれば、やりがいという点で満足度は落ちます。それでも中村君は、この会社に就職したいという気持ちが強く、面接担当者に、「自分のやりたくない職種であっても、最善を尽くします。自己実現の方法は、その中で見つけます」と答えました。そうしますと、「あなたと同じ大学の星田君の面接をした時、『自分が求める職種に就けないときは、別の会社に就職したい』と言っていました。また、『そ

の職種に合う人材を求めているのであれば、同じゼミのあなたを推薦したい』と言ってい
ましたよ。『自分の知識と能力を発揮できる分野は、こういう職種です』とはっきり言っ
ていました」と、伝えられたのです。

この面接担当者は、面接を受ける学生に得意とする分野以外のことについて、各々の学
生がどう反応するかを見ていたのです。自分の意志をはっきり言える人材を、採用しよう
としている様子です。星田君は、この会社とライバル関係にある会社の面接を済ませてい
ます。そちらからは、まだ内定を貰っていませんが、同じ業界なら、できれば中村君と同
じ会社に勤められたらいいな、という気持ちを持っています。

会社員になれば、人事異動でどの部署に行かされるか、わかりません。たとえ、就職当
初は希望する部署であっても、数年後には違う部署に異動になることもあります。職種も
違うことがあります。ですから、中村君の面接担当者に対する回答は、間違っていません。
しかし、先に役員面接の通知があったのは星田君で、中村君にはその翌日にその通知が来
ました。先に通知が来た人のほうが、優位にあるとみられています。そして、今回の採用
人員は、残り1名となっていました。

中村君のミスは、この会社に入りたい余り、どんな質問に対してもイエスで、主体性の

ない回答になったことです。また、気持ちに余裕がないことを見抜かれたと、一晩掛かって気づきました。そして面接の折に聞かされた、星田君が自分を推薦してくれたことへの感謝の気持ちが、沸々（ふつふつ）と湧いてきました。星田君が、内定を貰って当然だと思えました。お礼を言おうと思って、星田君に会い、今の自分の気持ちを伝えました。星田君は、「次の役員面接、頑張ろうな」と、笑顔で応じてくれました。星田君は役員面接に、中村君のことを考えてどう臨むと思いますか？

（参考）　①　中村君のために、役員面接ではイエスマンになろうとする。
②　中村君のために、役員面接で自分は落ちようとする。
③　その他の考え

私の答　星田君は、中村君がこの会社に入社できればいいと、心から思っているのがわかります。星田君自身は、ここのライバル会社でもいいと思っています。でも、できることなら、中村君とこの会社で働きたいと思っていますから、自分だけこの会社に入りたい、とは思っていないのです。そのことから考えて、星田君の役員面接での発言を予測しますと、「自分だけ、御社に入社したいとは思っていません。ぜひとも、自分より優秀な中村君を御社に推薦します。中村君が入社し、自分にもそのチャンスを頂けるなら、私は喜んで入社させて頂きたいと思います」と、自分のことより、中村君のことをアピールすると思います。それがもとで、星田君は内定を貰えなくても構わないと思っています。私が、この会社の役員なら、中村君との役員面接で星田君の言った真偽を確かめます。ここでは、中村君が内定を貰えたかどうかは関係ありません。

星田君が、この面接の結果、内定を貰えないとしても、ライバル会社からは内定を貰えるような気がします。利他の精神というのは、どんな場面でも発揮できます。それができることの素晴らしさを、誰かが気づくはずです。中村君は、星田君という掛け替えのない友人を得て幸せです。中村君はきっと星田君の気持ちに応え、星田君が困った時には何をおいても、星田君を助けるという強い気持ちを持つことでしょう。その気持ちが強い絆となって、互いに生涯の親友となっていくと思います。利他の行いは、相手や周りを感動させ、その波紋が広がり、良い影響を及ぼすのです。

4　社会人の利他

【例題7】　あなたは大手上場企業に勤める30歳の会社員で、経理部に所属しています。前年度、あなたの会社は、談合に参加したとして糾弾され、社会的制裁も受けました。それが教訓となり、何事に限らず、不正は絶対にしてはならないと、社長訓示が出ています。また、社内の不正を見つけたら、自分（社長）に直接報告するように、と言われています。

あなたは経理処理をする中で、ある出金伝票に気づきました。不審に思って調査をしますと、G役員の不正に気づいたのです。その不正が明るみに出ると、G役員は処分を免れません。G役員は、あなたの大学の先輩でもあり、何度か話をしたこともあります。さて、あなたはどういう行動をとりますか？　黙して、見て見ぬ振りをしておきますか？

（参考）①　社長訓示を無視することはできないので、不正を糺（ただ）す。
②　会社の中では、見て見ぬ振りをするのも大人の行動だから、黙っている。
③　その他の考え

私の答　会社としては、前年の談合で社会的制裁を受けたという背景もあって、不正の排斥を社長が社員に訴えています。G役員の不正行為を、見て見ぬ振りをするのであれば、社長や会社を欺くことになります。そこで信頼できる同じ大学の先輩社員に相談し、その先輩と共に、G役員に不正行為の証拠を持って直談判し、自らを処すように話をするのがいいと思います。G役員は、自ら状況判断し、社長に報告することでしょう。仮に、G役員が、社長に報告しなければ、それからでも、あなたが社長に報告すればいいと思います。何も行動しないのは楽ですが、それでは会社からいつまでも不正は無くなりません。ここでの利他は、会社の信用を守ることです。それは、社員の生活を守ることになります。不正が社会に発覚すると、ブラック企業の汚名を被せられ、社員の勤労意欲を削いだり、新入社員も入らなくなります。傷を最小限にするための判断は、社長がします。あなたは、不正に目を瞑（つぶ）る選択はしないようにしてください。

【例題8】 あなたは、40代の女性で、2代目の社長です。亡くなった父親の跡を継いで、社長になりました。同業者の団体があり、そこの理事も引き継いでいます。理事会では、守旧派と改革派に分かれ、何事においても対立が起き、両派の意見がなかなか纏（まと）まりません。先代社長は、守旧派でしたが、あなたの意見は改革派に近いと、自分では感じています。

守旧派は年齢層が高く、改革派は年齢層が低い、という特徴があります。あなたは、先代の付き合いから、守旧派の人とも親しくしてきました。ですから、両派の理事と、親しく話をすることができます。守旧派も改革派も、望むことは業界の発展なのです。しかし、そのやり方やスピード感が違うため、反りが合わないのです。このまま放っておけば、両派の分断から、団体の分裂に発展していきます。この状態を放置しておくことはできません。さて、あなたはどういう行動に出ますか？

（参考）①　守旧派と改革派の仲を取り持つと、自分が潰（つぶ）されることになるので分裂するのを待つ。

②　分裂するのとしないのとどちらがいいのか、そこを両者に問う。そのう

えで、仲を取り持つ行動に出る。

③　その他の考え

私の答　守旧派も改革派も1団体として、業界を分裂するより纏まっているほうがいいと考えています。そこで、あなたは両者の意見の違いを整理し、どうすれば和合できるか考えます。改革派のやり方は、高齢者には付いていけないことがわかりましたので、ここは高齢者に配慮する必要があります。スピード感は、危機意識の強い改革派に合わすほうが、前進しそうです。纏めた提案を理事会に諮(はか)り、審議して頂きます。これで纏まらない時は、「分裂もやむ無し」と、各理事に決断を促します。分裂は、より守旧派に不利な状況をもたらすとわかりました。このままでいることが、業界全体を失速させることになるとの危機感は、改革派に強いこともわかりました。それを勘案して纏めた折衷案です。

ここでの解決策は、いわゆる痛み分けですが、意見を整理する中で、業界として進むべき方向性が見えてきました。どちらに決まろうとも、決まったことは素直に受け入れ、後は文句を言わない、と取り決めて採決を図ります。分裂を防ぐことが、業界の発展に寄与することです。仮に、結果的に分裂しても、それは仕方がありません。結果を気にするのではなく、分裂しないように全力で纏めようとする行為に、賛同する人が現れるのです。それが、あなたの利他の行いです。

5　各利他のまとめ

それぞれの事例における、私の答の共通点は「利他」です。利他の形は幾通りもあります。利他の対象となる相手は、身近な人だけでなく、目の前にいない誰かでもいいのです。根底にあるのは、思いやりであり、真実の愛です。各事例は中学生の利他、高校生の利他、大学生の利他、社会人の利他と分けていますが、これは、その事例の状況をわかりやすくするための区分で、社会人には、中学生の利他の事例は関係ない、あるいは、簡単な事例、ということではありません。

例題1は、「自分の大事なものを、他に分け与えることができるか」を問うているのです。人に自分の大事なものを与える行為は、余裕があるからあげる、ということでも利他ですが、困っている人を見たら、自分が困っていても助ける行為は、最上の利他となります。この行為のできる人は、間違いなく人から愛され、尊敬されます。

例題2は、「助け合いの精神」を問うています。

助け合いの行動をすることが、チームの団結力を高めます。非難することは誰にでも簡単にできますが、問題解決にはなりません。どうすることが、問題解決に結びつき、良い結果を生むことになるかを考えて頂きました。

例題3は、「他人の不幸を自分はどう受け止めるか」を問うています。

他人の不幸を喜ぶ人間であってはいけませんね。では、どう行動するのがいいのかを問いました。自分だけの喜びを得る行動でなく、練習中のアクシデントに見舞われた人への気遣いが大事なのです。それができるかどうかで、その人の値打ちが定まる、と言っても過言ではありません。気遣いされた人も気持ちが和み、友情が深まると思います。

例題4は、「トイレ掃除をどう捉えるか」を問うています。

捉え方によって、掃除に対する気持ちの入れ方が変わる、という問題です。トイレ掃除は、学校のルールで決められた義務としてするのか、それとも、みんなの使うトイレだから、きれいにして、気持ち良く使えるようにするためにするのか、そこを問うています。

前者の考え方なら、さぼりたくなりますが、後者の考え方なら、させて頂こうという気になるのではないでしょうか？　トイレ掃除は、義務感でするのではなく、他人を喜ばせるためにする。すなわち、利他の精神で行うことが大事、ということです。そして、トイレの神様にも喜んでもらえ、下の病気にもならなければ、ありがたいことですね。

例題5は、「自分の大事を置いても、他を思いやることができるか」を問うています。その行為ができたときに、生涯の友を作ることができるのです。たった一度の行動が、その後の人生を大きく変えることもあります。自己犠牲の精神は、尊いがゆえに、他を感動させます。自己犠牲を伴う行為の先に、得難きものが得られる、という事例です。

例題6は、「友を思う純粋な気持ちで行動することができるか」を問うています。それができたときに、周りに良い影響を少なからず及ぼします。星田君の行動に、中村君は深い感謝の念を覚えたことでしょう。また、面接をした役員にも、星田君はいい奴だと映ったと思います。星田君を落とすような役員なら役員失格です。自分のことより、友人のことを推薦できる人間でありたいと思いませんか？

例題7は、「不正に直面した時の行動のあり方」を問うています。

自分の行動次第で、一人の役員の将来を左右します。考えるべきは、会社のことであり全社員のことです。組織の中では、見て見ぬ振りを求められることもあるかもしれません。しかし、そうすることが、仮に自分のメリットになることでも、黙っていては後悔もあり得ます。何が本当の利他なのかと、それを問う問題なのです。会社の一員としての答えが、秘匿とするなら、将来を見据えた答えではありません。そこには、自己保身が見えます。正義感は、時に厳しい判断を求めます。

例題8は、「二つの対立（二律背反）をどう纏めるか」を問うています。
対立は、纏めようとしなければ、纏まりません。しかし、纏まらないことも、世の中にはあります。いかに、纏めようと努力するか、そこが大事なのです。両者のことを考え、業界全体のことを考え、最善の努力の後に、導き出した答えに真実があると思います。

以上、「利他を考える」事例として、８つの例題を挙げました。問題が発生した場合、解決に導いていく手法として、利他を考えるとわかりやすいと思いませんか？　私の答が絶対的な正解ではありません。もっと素晴らしい答えがあるかもしれません。その答えには、ぜひ利他を考えて導き出してください。利他に必要なのは、思いやり、自己犠牲、謙虚（自我の抑制）、愛情です。利他の行いが、自らを、家族を、友人を、学校を、会社を、社会を良くしていく方向であることは間違いありません。

利他の行いは、人を喜ばせることになり、それに気付いた人も利他の行いをしていけば、世の中に良い種を多く蒔くことに繋がります。その結果が、多くの良い花を咲かせ、その連鎖が起こることで、喜びの輪が広がります。その広がりが、多くの人の幸せに繋がる、と私は信じて本書を執筆しています。

〔ひとりごと〕

事前に原稿チェックをしてくださった方々へ

事例は誰にも理解しやすい内容となるように考慮したつもりですが、原稿の段階では誤解を与えかねない内容もありました。それを修正したり、差し替えたりもしています。

当初、例題には小学生の利他も考えていましたが、小学生向けとして別冊にするなどの考えもあり、そのため、本書ではその部分を削除しました。

中学生の利他、例題1の焼き芋の話で、利他にも深浅があるとおわかり頂けたかと思います。最初は「浅の利他」で十分です。それが普通にできるようになってから、「深の利他」を意識して行ってみてください。「深の利他」には、感動が巻き起こってくると思います。

本書の原稿チェックをお願いした方々には、私への遠慮もあったと見えて、控えめなコメントも多かったのですが、全ての方のご意見を反映し、推敲致しました。中でも、教師をされていた伊藤さん、牧野さん両名のご指摘は、流石（さすが）と、頭が下がりました。特に、ここまで要求しますかと言うレベルで、細かく添削し、厳しいコメントを下さった伊藤さんには、利他の心を感じました。私の期待以上です。ありがとうございました。

皆様方の、温かいご指摘・ご指導のおかげで、出版の日の目を見たのです。この場を借りまして、深くお礼申し上げます。

第六章

立替

1 「徳積み（陰徳）」と「天国と地獄」

自らの過ちに気づいたら、反省しますでしょう。ただ、「ごめんなさい」と謝れば完了、というものではありません。反省の思いを、行動によって現すことが必要です。それにも、利他の行いです。それが、過去の過ちを償うことにもなります。また、利他の行いは、「徳積み」となっていきます。

徳積みとは、善い行いを重ねて善因を作ることですが、これはまた、悪因を軽減させることにもなります。蒔いた種は、例外なく実りをつけます。その実は悪因によるなら悪果ですが、できるだけ小さな実となり、悪影響は小さくなるほうがいいでしょう。そのためにも、利他の行いが有効なのです。例えば、交通事故に遭遇した場合、当たり所が悪ければ即死であったり、全身大けがになることもあります。それが、不思議にも軽傷で済んだとすれば、偶然とか、たまたま運が良かったと言われますが、それは徳の力で軽減されたということです。これは目に見えるものではありません。因果の理法上の話です。でも、事実なのです。

一つの解釈として、「利他＝徳積み＝善因善果＝悪果軽減＝幸せ＝成功」というように捉えて頂けますと、わかりやすいかと思います。人生を良くするための源泉は、利他にあると言うことです。これが本書の核となる部分です。毎日の生活の中で利他の行いを心掛けていきますと、徐々にできるようになります。やろうと思わなければ、いつまで経ってもできません。行動に移して訓練していくことが、自分の幸せに繋がると思って、やってみてください。結果は必ずついてきます。でも、その結果を、早く求め過ぎてはいけません。すぐに結果を求めて、現れないからと止めてしまっては、元も子もありません。倦まず、弛まず、怠らず、人の幸せを願って行うことです。そうしますと、求めずとも、善い結果が現れてくることでしょう。これは行って、初めて体得できるのです。頭で考えている間は、決して体感できません。

「利他＝徳積み」と申し上げました。例えば、公園や河川敷・海岸の清掃を、ボランティアで行うとします。これも利他です。ゴミの落ちていない公園や河川敷・海岸は、気持ちの良いものです。その清掃ボランティアをしていると、人に褒められることもあるでしょう。人に褒められることが嬉しくて、また、清掃ボランティアをしよう、という気持ちも出て来ます。清掃ボランティアの行為は、特定の個人のために行うものではありません。それぞれの利用者の、たとえ一人にでも、喜んで頂ければよいと思ってするのです。見返りは、ありません。それが尊いのです。清掃をしているところを見られて、「ありがとう」、「ご苦労様」と言われたなら、これは人から評価されたということです。いい評価を受けると嬉しくなります。

でも、この評価を得るためでなく、「清掃＝きれい＝人の喜び」になると、清掃行為そのものに意味を見出して行っている人も、世の中にはいます。その人たちは、褒められることを求めておられません。誰かに「ゴミが落ちていなくて気分もいいや」と思って頂けたなら、それだけで喜びになるということです。「ありがとう」や「ご苦労様」の感謝の言葉も欲しておられないのです。このような行為を、「陰徳を積む行為」と言います。徳積みの中でも、より尊い行為とされています。利他には他を思う心、すなわち愛があります。反対給付を求めない一方通行の、与えるだけの行いだから、利他の行為は美しいのです。

利他の回数が、善果として現れる回数より多くなりますと、これは貯蓄と一緒で、「徳の貯金」となります。この貯金は死後、魂の世界に行った時に使うことができるのです。この世で、いくら預金や資産を築き上げても、それを魂の世界に持って行くことはできません。しかし、「徳」だけは、魂の世界に持って行くことができるのです。それを信じますと、お金への執着が徐々に減少していきます。不思議なことに、徳の貯金を殖やそうと努力していきますと、生活に困らないだけのお金は入ってくるようになります。例えば、仕事が思いの外うまくいき、利益が出たとか、予期せぬ仕事が入ってきたという具合に、お金になる仕事が巡ってくるのです。それは、私も実感しているところです。

また、利他の功徳（くどく）は、他に廻（めぐ）らすことができます。それを仏教では、「廻向（えこう）」と言います。先祖廻向の本来の意味は、自分の利他の功徳を先祖に捧げることです。徳の貯金が足らず、魂の世界で苦しんでいる先祖に、廻向によって利他の功徳を届けることを意味します。でも、徳積みをしないと、届ける功徳がないということになります。供養として、食べ物供養もしますが、先祖に一番喜ばれるのは、この「徳の供養」なのです。

子供の頃に、親からよく、「悪いことをしたら、地獄に行くことになる」、また、「善いことをしたら、天国（極楽）に行ける。だから、善いことしなさい」と、言われたことを思い出します。天国と地獄は、どこに存在するかと言いますと、あの世（死後の世界）だけでなく、実はこの世にもあります。これは、心の状態を示す言葉でもあるのです。

例えば、10人前の食事がビュッフェ形式であったとします。各人がお皿を持って、自分で料理を取ります。10人分ですから、一人でも多く取り過ぎますと、他の人の分がなくなります。その時、自分のお皿を山盛りにして取る人がいたとしたら、「あいつは、餓鬼（がき）みたいな奴だ」と言われます。餓鬼とは、欲深い人を指す言葉です。餓鬼は食べ物を取り合い、最後には喧嘩となります。餓鬼の心は、利他の心の真逆です。「自分さえ良ければ、他人のことなど関係ない」と、餓鬼の心に支配されている人の心の世界が地獄です。反対に、利他の心豊かな人の心の世界が天国です。

　その心の様子を表す例を示しましょう。ここに餓鬼10人のテーブルと、利他10人のテーブルがあります。テーブルに盛られている食事の量は同じです。どれもおいしそうな料理が並んでいます。ただし、この料理を食べるための箸（はし）は、２ｍと長いのです。それを使って、好きなだけ食べてもいい、というルールです。餓鬼のテーブルでは、食べたくても誰も食べられません。なぜなら、箸で料理を掴んでも、それを自分の口に運べないからです。料理は箸からこぼれ、床に散乱しています。それでも構わず散らかった中を、何とか食べようと騒がしく取り合い、喧嘩になっています。一方、利他のテーブルでは、みんなおいしそうに食事をしています。同じ2ｍの箸を使って、楽しそうに食事をしています。どのように食事をしているかといいますと、Ａさんが箸で料理を取ると、それをＢさんの口に運んでいるのです。また、ＢさんはＣさんの口に料理を運んでいます。このように、他のために自分が箸で取った料理を、別の人の口に運んで食事をしています。餓鬼のテーブルの世界観が地獄で、利他のテーブルの世界観が天国です。地獄は利己中心の考え方を、天国は利他中心の考え方を表した世界観なのです。自分の心はどちらの世界観にあるのか、あるいは、どちらの世界観に行きたいか、それを考えれば為すべき行動が見えてきます。できることなら天国に行きたい、と思いませんか？

〔ひとりごと〕

天国と地獄の世界観、面白いでしょう。細かく言えば、ここでの地獄は、餓鬼界（がきかい）のことを言っていまして、地獄は餓鬼界よりも酷（むご）い世界です。現世で言えば、戦争状態にあるエリアが地獄とも言えます。

長い箸の話は、他者を思いやれば、自分の利益にもなると示しています。助け合うことが、幸せを築くことになるのです。利他を通じて、多くの人に天国を実感してもらいたい、と思っています。そのためにも、利他を行う人を増やしたいのです。

2　心の立替①～不運をチャンスに

私が降格になった時、もし、そのことで腐っていたなら、今の私はありません。あの時、「良かったですね」と言われた言葉に、私は救われたのです。その言葉の意味を、自ら見つけ出したことで、私は新たな境地に到達できました。降格という現実は、どのように自分が捉えようと変わらない事実です。それがために、その後の人生を棒に振るか、それともそれを転機に新たな人生を歩み出すか、どちらを選択するかは自らの捉え方次第なのです。私は幸いにして後者を選択できました。

不運や不幸に遭遇したとき、いくら落ち込んでも起こってしまったことは、過去のことですから、変えようがありません。「変えられるのは、未来だけ」です。それなら、落ち込んだ心を早く立て替えて、その後の行動を真剣に考えるべきです。「心の立替」がうまくできれば、チャンスを掴めるのです。ここが、本書のもう一つのテーマでもあります。これは、いろんな場面で応用できます。

自分にとって予期せぬ悪い出来事は、止めようがありません。起こるものは起こると、そのこと自体は受け止めるしかありません。大事なのは、その先です。その先をどうしていくか、それを考えることに注力すべきなのです。起きてしまったことを後悔するだけでは、事態は何も変わりません。その時、いくら後悔しても、苦しみは和ぎはしないのです。そのこと自体に捉われると、苦しみはずっと続きます。自分で自分を苦しめても仕方がありません。その苦しさは、自分の思うようにいかなかったところから発生しています。そうならば、これまでとは違う考え方を持つことで、苦しさから解放されるはずです。

そのことについて、もう少し事例を挙げて説明します。それは私が若い頃、2年程の間に何度も心の立替をした体験談です。

就職の折、私は税務職員を希望して、国家公務員試験を受けました。試験当日は、慎重になり過ぎたのか、解けない問題に時間を掛け過ぎ、全ての試験問題に目を通すことなく終了時刻となりました。残った問題を後から見ますと、解ける問題でしたから数点失うことになりました。その数点の差で合否が左右します。私はかなりショックな思いに捉われていました。後悔しても始まらないことはわかっていても、あの時、解けない問題に拘らず先に進んでいたらと、思うたびに心を痛めたものです。いくらそのことを後悔しても後の祭りで、変わることはありません。若い時ですから、心の立替の術を知りません。試験結果を待つ間、胃潰瘍になるくらいに後悔ばかりしていました。結果的には合格しましたが、おそらく、その合格は合否すれすれの点数であったと思われます。

後日、採用通知が来て、税務大学校で研修を受けることになりました。税務職員として、必要な税務知識を身に付けることが主たる目的の研修です。この研修期間をどう過ごすか、私には決めたことがありました。ここで問題です。私が決めたことについて、皆さんが私の立場であればどちらを選ぶか、次の二者択一で選んでください。

「ギリギリでも合格したから良かったと思って、その研修期間を無難に過ごす」、それとも「ギリギリでも合格させて頂いたのだから、懸命に勉強しないと申しわけないと思って一層頑張る」の選択です。いずれを選ぶかは自由です。

この時の心の持ち方で、未来が変わります。私は後者を選びました（これが1回目の心の立替です）。受講科目の全講義が終了すると、終了のたびに試験があります。受講科目の中に経済学がありました。この経済学の試験に、頭を悩ませる人が多くいました。研修期間中は、いくつかの班にグループ分けがされています。私の所属する同じ班の仲間も、同様に悩んでいました。それは、どの分野に山を張って、試験勉強をするかということでした。私は、その経済学の講義が好きで、講義内容もよく理解できていました。先生が力説しておられた箇所もわかっていましたから、試験はここから出ると思い、試験の前日、私はその箇所を班の仲間に講義したのです。その甲斐あってか、私の班員の平均点は、他のどの班よりもダントツに高い結果となりました。しかし、私の心は沈んでいました。それは、数名の私の班員の点数のほうが、その講義をした私の点数より高かったからです。その理由は後日わかりました。私が解答用紙の欄外まで埋め尽くすほどに、詳しく答えを書いたため、「纏まりがない」という先生の評価だったのです。「そうだったのか」と思っても、気持ちは晴れません。でも、私はこの時、「解答は求められた解答欄の範囲内に収めて解答する」ということを学びましたから、その後のどんな試験にも同じ失敗はしなくなりました。

しばらくして、私が班員に講義したという行動に対して、予期せず他の先生方からお褒めの言葉を頂きました。その時は、「利他」という言葉さえ知りませんでしたが、今から思いますと、私の講義は利他になります。自分の成績が悪くとも、褒め言葉を頂けたことで、私の気持ちに収まりがつきました（これが2回目の心の立替です）。もし、自分が他者に教えて自分の成績のほうが悪くなるなら、もう教えることは止めようと思っても仕方の無いことです。しかし、私はその後も数回、他の分野でも同じように講義をしました。他に教えることで、より理解が深まることを知ったのは、ずっと後のことですが、「他を助けることが自らを利する」という体験を、その翌年に体験したのです。そのことについては後述します。

勉強には、その後も全力を傾注しました。結果、全研修生の中で、総合成績トップとなり、あと数回の試験が終われば、主席になると思っていました。しかし、不運は再度やって来ました。私は、腰に椎間板（ついかんばん）ヘルニアを患い、手術をすることになったのです。研修もあと少しで終了というところで入院し、手術を受けました。手術を受けてからの私は、ベッドの上で1か月間動けない状況でした。この間、私の担当教官だけは度々仕事が終わった後、お見舞いに来てくださいました。その方のご自宅は、この病院から2時間は掛かるところにあります。それにもかかわらず、私の病状を気遣って、励ましに来てくださったのです。「何と心の温かい人なのか」と感激しました。夜、私は一人涙を流しながら、「早く退院して必ず挽回して見せます」と固く誓いました。（私はこの方を一生涯の恩師と思っています。後年、この恩師とは疎遠な状態となりましたが、御恩を生涯忘れることはありません）。

私が入院中になされた試験は、私の状態が落ち着いた折に、入院先のベッドの上で受けさせて頂きました。その試験は、他の研修生が受け終わってからのことです。私は、すべての試験を受けましたが、その時すでに全研修生の成績順位が決まっていました。私の成績順位は、無番となりました。要するに、決定順位外（時間切れ）ということです。

成績優秀者は表彰され、優等賞として金時計が貰えます。しかし、私は対象外です。修了式も、入院中で欠席せざるを得ません。私は、非常に無念な思いでした。もし、金時計を頂けたなら、親不孝をしてきた父にあげよう、と思っていたのです。それも叶わず、「どうしてこうも私は不運なのか」と、自分自身の不幸を嘆きました。でも、その時の校長（研修所長）が、私の頑張りを認めてくださり、わざわざ優秀賞という賞を作って、入院中の私を表彰し、副賞に置時計をくださいました。おそらく、この賞を頂戴できたのは、先輩、後輩を含めた全研修生の中で、後にも先にも、私が最初で最後であったかもしれません。この時は涙が出るほど感激しました。自分の頑張りを、見ていてくれた人がいたからです。私はここで腐ってはいけないと思い、さらなる挑戦を思いつきました（これが3回目の心の立替です）。それはより高いレベルの試験に挑戦することでした。

それからは、入院中にもかかわらず、毎日8時間勉強しました。その試験は、退院して半年後に受けました。試験当日、試験問題を読んで驚きました。経済学の分野の問題で、私が班員に講義をしたものと同じような問題が、その試験に出たのです。人に教えたことですから、私の頭の中にしっかりと刻み込まれていました。ですから、難なくその問題を解くことができました。他の問題では苦戦もしましたが、試験には合格しました。おそらくギリギリ合格だったと思います。この時に気づくことはありませんでしたが、今、はっきりと言えることがあります。それは、「いくら頑張っても、その目的を達成することが予期せぬことで叶わないこともある。しかし、心を立て替え、懸命に頑張れば、その先には必ず良い果実をもたらす」ということです。自分にとって不運なことが起きても、その不運に捉われてはいけません。それを試練と受け止め、乗り超えた先に未来が拓けるということです。私はその理屈を知らずして、体験していたのです。目的が達成できず、失意に沈むことは簡単です。そこで、沈みっぱなしでは、非常に勿体無いことです。それを本書で感じて頂ければ、嬉しく思います。

「頑張りは必ずどこかで報われる」と、信じて行うほうが良いのです。そうでないと、頑張ろうという気は起こらなくなります。前向きに努力することで､未来は拓けるのです。私は、この研修期間が、人生の中で最も真剣に勉強した期間であったと言い切れます。そのことで、班の仲間とも軋轢（あつれき）を生じることもありました。寮生活をしていましたから、勉強中に騒がれると集中できません。騒ぐ人には「うるさい」と、遠慮なく注意をするものですから、喧嘩になりそうなことが何度もあったのです。「私の頑張りを邪魔する奴は許せない」、「自分は正しいことを言っている」という強い思い込みがあり、自分の我を押し通していました。班員と協調性を持って何かをするというより、自分が正しいと思う道を貫いていたのです。それは周囲にとっては、面白くないことであったかもしれません。私の態度は、周囲に溶け込むことなく、孤高を誇るような態度でしたから、私が手術を受けたことに、「ざまあみろ」と思う人もいたと感じます。それでも、その時の私は、他人の思いなど気になりませんでした。本当に傲慢（ごうまん）でした。そんな私の態度を改めさせるために、また、もっと私の器を大きくしたほうが良いと、手術は天から下った試練だったと、今では思えます。

　振り返りますと、私の人生は不運の連続でしたが、その度に誰か応援してくれる人がいたり、支えてくれる人がいて助けられました。そして次の展開で、心の立替がうまくいった時には、必ず良き結果となりました。本当にありがたいことだと思います。また、どうしても受かりたいと強く思った試験の場合は、努力を惜しまず準備をしましたし、その結果も付いてきました（どの試験もギリギリの合格と思えます）。反対に、できれば合格したいというような弱い思いの試験や、努力が足りないと思って受けた試験は、全て落ちました。ギリギリ合格の経験は、その後の転職先で受けた国家試験の時も同じで、通年なら落ちていたところ、私が受験した年は合格ラインの点数が下がって、滑り込みで合格をしたということがありました。私は試験に強いタイプではありません。しかし、受かりたい試験には、ギリギリでも合格できたことに感謝だと思えます。そこにも意味があると感じています。

何度も言いますが、不運は誰にでも訪れます。これは避けようと思っても避けられません。不運に襲われ嘆き悲しむことがあっても、それをそのままにしないで、心の立替をしてください。そして、未来を拓くことに注力しましょう。過去は決して変えられません。でも、未来は、変えることができるのです。そのためには、まずは心の立替です。その大事をご理解頂きたいと思います。

〔ひとりごと〕

私は子供の頃より、トップを取ったことはありません。いつも最後に取り逃がしてしまいます。私がトップを取れば有頂天になって、受ける試練はもっと厳しいものになったと思います。それに、ギリギリ合格であったから頑張れたのです。

このように得心しているのですが、正直、一度ぐらい一番を取りたかったというのが本音です。トップは、さぞかし見晴らしの良いものだろうと、ずっと思っていました。しかしながら、もう競争世界とは縁が切れ、順番の関係ない世界にいます。

競争は、若い時だけで十分です。ただし、その競争相手は、他人ではなく、自分であることをお忘れなく。

3　心の立替②～独りよがりのプライドは削れ

もう一つ、事例を挙げます。これは有名国立A大学の入学受験にまつわる話です。真鍋さんは高校時代、非常に優秀な成績を収められていました。教師からも、A大学現役合格は間違いなしと、太鼓判を押されていました。しかし、結果は不合格。1年浪人をして、予備校に通われました。翌年、予備校の先生からもA大学合格は間違いなしと言われていましたが、またも不合格となったのです。A大学に入学したいという気持ちの強い真鍋さんは、もう1年浪人する決意をされました。そして3度目の挑戦をされましたが、結果は不合格だったのです。実力テストや全国規模の模擬試験では、常にA大学への合格ラインを上回っているのに、本番の試験には合格できないのです。2浪目の時、真鍋さんは万一のことも考え、有名私立大学も受験し、そこには合格されていましたから、最終的にその私立大学に入学されました。

真鍋さんにしてみたら、第一志望の大学に入れるだけの実力があると思われていましたから、ショックは相当なものでした。それで真鍋さんのことを心配されたお母さんが、知り合いのBさんに相談されたのです。Bさんは、お母さんから息子さんの考え方や、これまでの行動についての話を聞かれ、こう言われたのです。

「A大学に入学しなくて良かったですね」と。

なぜ、息子がA大学に入学しないほうがいいのか、お母さんはまったく理解できませんでした。その理由をお尋ねになられますと、「息子さんは、子供の頃からよく勉強ができて、周りからも一目置かれる存在でしたね。その状況に慣れている息子さんは、プライドが非常に高いように感じます。A大学に入学すると、おそらく息子さんは、ますますプライドの高い人間になります。そのまま社会に出て、何かの折に挫折したら、立ち直れなくなったり、プライドの高さが鼻に付いて、周囲の人から嫌われることになり、会社勤めが難しくなっていたと思います」と言われたのです。Bさんには、これまでもいろんなことを相談して、的確なアドバイスを頂かれていましたから、「そうかもしれないな」と、素直に納得されました。

そこで、お母さんは息子さんに、Bさんの言葉を伝えられました。真鍋さんも、Bさんのことはよく知っていましたから、Bさんへの信頼もあり、その言葉の意味をじっくり考える中で、徐々に消化されていきました。真鍋さんは、A大学を出たら、優良企業のC会社に勤務したいと思われていました。そのためには、A大学に行くことが有利と思っていたのです。心の立替ができた真鍋さんは、大学生活4年間を入試失敗の後遺症もなく、有意義に過ごされました。それは、Bさんのアドバイスのお陰と思っておられます。真鍋さん自身、「自分はプライドの非常に高い人間で、人を下に見るところがあった」と気づかれ、友人との人間関係をうまく築けなかった理由は、「これか」と気づかれたのです。その気づきを行動に移すべく、高校時代は人に頭を下げたこともなかった真鍋さんでしたが、大学時代は友人に対して、頭を下げることを意識して実践されてきたのです。そうすると、真鍋さんへの周囲の印象が好印象に変わっていきました。

就職を考える時期となり、真鍋さんは子供の頃からの夢を思い出します。自分の夢を叶えられるのはC会社だと、以前からの思いを、より強くされました。しかし、今の大学からはC会社に入社した先例がなく、「入社は難しい」と思われましたが、思い切って入社試験にチャレンジされたのです。役員面接も終え、あとは結果を待つばかりとなりました。真鍋さんにはダメで元々、という思いもありましたから、「結果がどうであれ、やるべきことはやった」と、ある種の満足感がありました。しばらくして、内定通知が届きました。真鍋さんは、これまでにない喜びに感激されました。この感激を胸に懸命に働かれた真鍋さんは、その後、C会社の重要ポストに就かれました。

真鍋さんは振り返られ、「もし、A大学に入学していたら、今の自分は無かったでしょうし、本当にプライドの高い人間でした」と、今では笑っておられます。「鼻持ちならないプライドがあった」と、自分を省みることで気づかれ、そのことが真鍋さんの人生をより良くすることになったのです。大学受験の失敗は、大きな代償でしたが、その代償を払うことで、大事な気づきを得られたのです。もし、このことに気づけないままなら、真鍋さんの人生は違ったものとなっていたことでしょう。ショックを受けるような出来事は、何か意味がある場合が多いのです。それが、大きな転機になることもあるからです。人生に、無駄な経験は無いのです。どんなことも起こるべくして起こっている、と考えますと、その意味がよく理解できます。

こういう体験をしますと、目に見えない大きな力や、その働きがあると感じることができます。信心がありますと、理論理屈だけでは割り切れないことも、受け入れられます。常に謙虚であることが、生きる上で大切な要素なのです。それは、「実るほど頭(こうべ)を垂(た)れる稲穂かな」(稲の実が熟すほど、稲穂が垂れるように、人は学識や徳が深まるほど、謙虚になるという意味)や、「大智(だいち)は愚(ぐ)の如(ごと)し」(本当に賢い人は、奥深くて賢ぶらないから、一見愚者のようであるという意味)、「和光同塵(わこうどうじん)」(できる人は、自分の才能や徳を隠し、俗世間に混じっているという意味)などの諺や故事成語に表されています。こういう言葉があるというのは、そう実感したり、それを実践した先人がいるからで、私は、真実の言葉だと思います。

〈ひとりごと〉

あなたは、プライド必要論を支持しますか? それとも不要論を支持しますか?

ここでもプライドを捨てられた話をしました。このプライドは、自惚(うぬぼ)れです。人から何かを指摘されて、すぐにも反発してしまうとすれば、それはプライド(自惚れ)

が原因かなと、一呼吸して自分を省みることです。これが、人間関係をうまく形成するコツです。

そして、それは不要、と早く気づくことができた人が、成功を掴むのです。若い時に、これを心底理解できれば、いい人生を歩むことになると思いますよ。

諺、故事成語、四文字熟語など、数百年以上も前から、教訓として残っている言葉は、先人の知恵ですから、たまにでも触れられますと、皆さんの心に響く言葉が、きっとあると思いますよ。

4　過ちは素直に認め懺悔（ざんげ）する

人は、いろんな状況から、良いことだけでなく、悪いことをしてしまいます。その場合には、素直に謝り、反省することが必要です。仏教ではこれを、「懺悔（ざんげ）」と言います。懺悔とは、自分の罪・穢（けが）れ・過ち等を仏様や師の前で告白し、悔い改めることです。キリスト教においても、自分が誤った行為をした時、その謝罪のために教会の神前で、あるいは神父に告白するようですが、それは仏教の懺悔と同じ行為です。懺悔するということは、自らの過ちを認めたということです。人は、自分にとって不都合な過ちを、隠そうとするものです。しかし、それを素直に認めないと、後の成功に繋がることにはなりません。素直でない人は、人に好かれません。好かれないから、協力してもらえません。協力がないから、成功しないということになります。人は過ちを犯してしまうもの、と肯定すればいいのです。でも、その過ちを、過ちと認めることが求められます。過ちを、過ちと認めないことは、次の過ちに繋がっていくからです。そうなると、次から次へと不幸なことが起きてきますから、幸せになれるはずがないのです。

懺悔して、自らの行動を見つめ直して悔い改めたなら、そこから一歩踏み出し、人の役に立つ人間になることを誓い、行動に現すことが本当の懺悔だと、私は解釈しています。随分以前のことですが、テレビを見ていますと、「反省だけなら猿でもできる」という内容のコマーシャルがありました。何となく印象に残った言葉です。このコマーシャルの作者の意図は、おそらく、「反省する人はたくさんいます。反省だけなら何も変わらない。その後が大事だ」と言っているように思えます。すなわち、その後の行動を求めているのです。反省は、簡単にできます。悔い改めた心を持って行動することができて、初めてその反省が生きてくるのです。言葉だけ、あるいは形だけの反省では意味がないと、このコマーシャルは教えているのだと思います。

世の中、白黒はっきりしないことや、善悪だけで判断できないこともあります。会社の論理などといった理屈で、従わざるを得ないような状況に陥ることもあるかもしれません。でも、自分の良心に照らして、それは間違っていると思う行動をしてしまったならば、必ず懺悔することをお勧めします。懺悔をしないで、世の中はこんなものだと、悪行を認めてしまえば、それがまた次なる過ちへと繋がり、罪悪感が麻痺してしまうからです。これは、危険です。懺悔が、心の立替に通じていくのです。常に、見る人は見ていると思って、自分を律することに努めてください。それが幸せへの道に繋がるのです。

〔ひとりごと〕

懺悔の対象には、悪い行為をすること、悪い言葉を吐くこと（現在で言いますと、SNSなどで、匿名により誹謗中傷するような陰湿な行為も該当します）や、悪い思いを抱くことも入ります。逆に言えば、善い行いをし、善い言葉を使い、善い思いを抱いていれば、懺悔することもないのです。

懺悔に該当する行為をした人は、懺悔しないよりはしたほうがずっといいです。懺悔することで、心が清まり、謙虚になれ、気づきを得ることになるからです。それに、懺悔なき者は地獄に、懺悔ある者は天国に、行く可能性が高いように思えます。

おわりに

利他について、どう感じられましたでしょうか？「因果応報の理」を信じる、信じないにかかわらず、利他の行いは、相手や周りを幸せにすると感じられましたでしょうか？もし、感じて頂けたなら、ぜひ皆さんも、利他を心掛けてみてください。

利他の反対は利己です。「何でも自分の思い通りになることが幸せ」と考えるのは、利己です。これは自己中心的な行動を生むことになり、その行動は不和や不幸に繋がります。他を利することが自らを利するとの考えを身につけることが、幸せを手にする近道です。

また、仏教では、この世は「修行の場」と言われています。努力もしないで、何もかも自分の思うようになれば修行になりません。考え方としては、自分の思うようにならないのが、この世の中と知ることです。ですから、人は自分の思いを達成するため、正しく思念し、正しく行い、精一杯の努力を積み重ねた結果として、一つの思いを達成することができるのです。これが物事を成就する筋道です。

幸せの基準をどこに据えればいいかと言いますと、「人の喜びを自分の喜びとする」ことです。人の喜ぶ姿を見て、心がほのぼのするとか、自然と笑みが零(こぼ)れるという経験を、されたことはありませんか？「人を幸せにすることが自分の幸せ」と考えますと、利他も自然とできるようになります。

人から好かれる人はどんな人かを見ていますと、共通して笑顔の多い人です。笑顔を向けられますと、こちらも自然と笑顔になります。仏頂面では人は寄ってきません。反対に、何を考えている人かと、不審がられてしまいます。どんな時も笑顔を心掛けている人は、きっとその笑顔の効果を、実感されているのではないかと思います。笑顔を作ることは、誰にもできます。笑顔の少ない人は、今日から即、実践してみてください。

仏教では、「布施波羅蜜（ふせはらみつ）」と言いまして、お布施をすることも、「利他」の一つなのです。お布施とは、お金を仏様や修行僧に喜捨（きしゃ）（喜びを持って寄付）することですが、これは何のためにするかと言いますと、自らの貪欲な心を清めるためにする修行なのです。お金は大事なものです。その大事なお金を喜捨することで、お金への執着を断ち切る修行となります。喜捨されたお金を使って、人々の幸せのために使うのが本来の目的です。しかし、自分の喜捨したお金が、お坊さんの遊興に使われている場面を見てしまいますと、喜捨する心も失われてしまいます。それが現実にあることは非常に残念なことです。そういう僧侶のいるお寺には、喜捨する必要はありません。

また、お布施には、お金が無くてもできるお布施があります。自分の身体を使って奉仕をすることや、人に対し、親切で温かい言葉を掛けること、笑顔を向けること、あるいは、電車で人に座席を譲ることです。なぜ、これらが、「布施」になるかと言いますと、それは人を幸せな気分にさせる行為だからです。ここにも笑顔を人に向けることが入っています。そして、他の幸せを願う布施をすることは、「徳積み」をすることでもあるのです。

感謝する回数の多い人は、幸せだと思います。人が感じないことにも感謝できますと、「ありがたい」と、何度も感じる機会があるということですから、正に幸せな人と言えます。例えば、今日生きていることに感謝、身体が思うように動くことに感謝、毎日食事のできることに感謝、学校に行けることに感謝、仕事があることに感謝、家族が健康であることに感謝と、普通の人なら当たり前に思っていることにも、感謝のできる人は幸せな人です。自分の心の持ち方次第で、幸福にも不幸にもなるのです。

また、欲の少ない人も幸せです。貪欲な人は、一つの物を手に入れたら、次はこれ、その次はあれと、欲しいものが多く、その欲を満たしきれませんから不幸になっていきます。「足るを知る」ことも、幸せになる秘訣です。

人間は欲望があって当然です。それを否定する必要はありません。でも、その欲望が限りなくあったり、あるいは人を犠牲にしてまでも叶えようとすると、利己に繋がります。「それは違う」と自らを自制しなければ、悪い種を蒔くことになって、悪い結果を招き、不幸になります。

では、「大志を抱くことはダメなのか?」と言いますと、それは欲望とは違います。大志とは、人生の目標で、自分は将来こうなりたいと願うことです。そこには、なぜ、そうなりたいのかを問われます。世の中を良くするためとか、人類の発展のためとか、人のためになることを願っての目標が大志です。大志は「利他」に繋がりますが、欲望のほとんどは「利己」に繋がります。そこが大きく違うところです。

自分にとって不幸な出来事が起きたときは、素直に受け入れ、それに思い悩まず、それを試練と思って心を立替え、次の展開へのチャンスと考え、前向きに進むことです。そして、利他の行いをしていけば、いずれその悩みは解決に向かい、新たな道が拓けます。試練には意味があるのです。そこから逃げますと、チャンスを逃すことになります。苦しくとも、試練には真正面から立ち向かうことが、自らの成長に繋がります。

利他を深く追求していきますと、真の愛が身につきます。人に喜びを与えるには、自己犠牲を伴うこともあります。だから尊いのです。真の愛があれば、その尊いことができるようになります。尊いことをするから尊敬される人になれるのです。

利他の意味が理解できましたら、それを自らの行動基準に据えて、あるいは、判断基準にして日々の生活を送っていきますと、自分に起こる良い変化を感じることができます。それは、願わなくとも幸せの果が巡ってくるからです。やらずにはわかりません。やってみて実感できることです。そう信じて行う価値は大いにあると思います。

新型コロナウイルスの影響で、マスクが不足していた時、買いたくても買えない状況の中、神戸市の女子中学生が自分のお小遣いで材料を購入し、手作りマスクを数百枚作って、老人ホーム等に寄付をしたというニュースをテレビで見ました。これが正に利他です。「この子は、とても心のきれいな子だな」と感激しました。「この子に幸あれ」と、自然と祈ってしまいます。こういう心のきれいな子が増えれば、世の中、明るくなります。

また、２０２０年東京オリンピック・パラリンピックが1年延期となりました。出場予定の選手には、それぞれの思いもあろうかと察します。しかし、決まったことはどうすることもできません。今は試練の時です。この時期をどう受け止め、どう乗り越え、どう行動するかで結果は違ってきます。人に感動を与える行動で、1年後のオリンピック・パラリンピックを迎えられたら、大きな喜びに包まれることになると、私は信じます。

本書で語った「利他」は、幸せになるための必須事項です。本書を著しましたのも、私自身の利他です。残された人生の課題として、利他を推進していきたいと思っています。多くの人が利他を行うことで、感動があふれ、感動の輪が広がれば、幸せな人が増えます。それが社会・未来を明るくすることでもあると、愚直に信じているからです。

最後になりましたが、このたびの出版に当たりましては、何度もお声掛け下さり、長らく原稿を期待して待ってくださった、株式会社清文社取締役の玉江博氏に心より御礼を申し上げます。

●著者紹介

和合　実　（わごう みのる）

（略歴）

昭和34年 生まれ。神戸大学大学院法学研究科修了。

昭和55年度 国税専門官採用試験合格。

国税調査官として所得税・法人税の調査等に従事の後、活躍の場を民間に求め退官。

平成元年 大手建設会社に入社。その翌年より土地活用の提案型営業に従事。

時代のニーズを感じ、収益不動産のコンサルティング営業・仲介業務を開始。

収益不動産の講義・講演回数は延べ４００回を超える。

平成20年2月 独立し、株式会社和合実事務所を開設。

現在の主な業務は、不動産賃貸業・コンサルティング業・講演・執筆等。

（著書）

『収益不動産所有の極意』（清文社）平成18年3月刊行

『出口からみる収益不動産投資』（清文社）平成19年3月刊行

『一目瞭然！数値で発掘 収益不動産』（清文社）平成20年3月刊行

『知れば得する収益不動産』（清文社）平成22年1月刊行

『「収益店舗」所有の極意』（清文社）平成28年11月刊行

連絡先（E-mail） rita@wago-minoru.com

利他の功し

2020年10月10日　発行

著 者　和合　実 ©

発行者　小泉 定裕

発行所　株式会社　清文社
東京都千代田区内神田1－6－6（MIFビル）
〒101-0047　電話 03(6273)7946　FAX 03(3518)0299
大阪市北区天神橋2丁目北2－6（大和南森町ビル）
〒530-0041　電話 06(6135)4050　FAX 06(6135)4059
URL http://www.skattsei.co.jp/

印刷：大村印刷(株)

ISBN978-4-433-41700-0